켄 블랜차드
리더십 수업

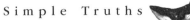
Simple Truths of Leadership

1주일 1가지, 한 권으로 끝내는

켄 블랜차드
리더십 수업

켄 블랜차드, 랜디 콘리 지음 | 모윤희 옮김

서울경제신문

이 책에 쏟아진 찬사

켄 블랜차드는 요즘 MZ세대가 자주 쓰는 단어 'OG(원조, Original Gangster)'에 가장 잘 어울리는 사람이다. 그는 수십 년 동안 전 세계에 서번트 리더십의 가치와 서번트 리더가 되는 방법을 전수하는 데 앞장서왔다. 《켄 블랜차드 리더십 수업》은 리더십 교육이 앞으로 나아가는 데 꼭 필요한 책이다.

_사이먼 시넥, 베스트셀러 《스타트 위드 와이Start With Why》《인피니트 게임The Infinite Game》《리더 디퍼런트Leaders Eat Last》의 저자

켄 블랜차드는 지금까지 만나본 리더 중 가장 훌륭한 서번트 리더다. 이 책에서 공유하는 실용적인 아이디어를 실천하는 순간, 리더십이 향상되고 팀과 신뢰를 쌓으며 팀원과의 관계도 개선될 것이다. 남을 돕기 위해 훌륭한 리더가 될 필요는 없지만, 훌륭한 리더가 되려면 남을 도와야 한다. 이 책은 어떻게 하면 훌륭한 리더가 될 수 있는지 알려준다. 읽고 매일 실천해보자!

_존 고든, 베스트셀러 《에너지 버스The Energy Bus》《인생 단어The Power of Positive Leadership》의 저자

이 책은 진정한 리더십을 키우는 습관을 기르고 실천 경험을 쌓으며, 매주 한 편씩 읽기 편리하게 정리한 1주 단위 가이드이다. 켄 블랜차드와 랜디 콘리는 언제나 그랬듯, 성공적인 조직을 만드는 데 필요한 실제적인 접근법을 안내하고 보다 충실한 삶을 살 수 있는 원칙을 알려준다. 신뢰는 말로 설명하기는 어렵다. 하지만 행동으로 옮기는 순간 눈으로 확인할 수 있다. 이 책을 읽고 노하우를 터득하라!

_로리 베스 존스, 《최고경영자 예수Jesus, CEO》《기적의 사명선언문The Path》《인생 코치 예수Jesus, Life Coach》의 저자

이 책은 핵심 주제로 구성된 목차와 요점만 정리한 주제 해설로 누구나 쉽게 읽을 수 있다. 한 입 크기로 준비한 지혜들은 정보를 빠르게 흡수해야 하는 바쁜 리더와 직장인에게 유용하다. 이 책을 읽는 모든 사람들이 52개 조언 전체에 일관적으로 녹아 있는 신뢰의 힘과 서번트 리더의 마인드에 영감을 받게 될 것이다. 정말 대단한 책이라는 점에 의심의 여지가 없다!

_존 블레이키 박사, 신뢰경영재단(The Trusted Executive Foundation) 창립자

이 책은 이성과 감성을 함께 사용하여 더 좋은 리더가 될 수 있는 방법을 소개한다. 또한 오랜 세월 전 세계 리더들을 멘토링하면서

축적된 켄 블랜차드와 랜디 콘리의 지혜와 상식이 모두 담겨 있다. 시대를 초월한 비즈니스 클래식《1분 경영 The One Minute Manager》이 수십 년 동안 조직에 영향을 준 것처럼, 앞으로 오랫동안 리더들이 반드시 읽어야 할 필독서가 될 것이다.

_ 바바라 글랜즈, 명예의 전당 연사이자《서비스의 간단한 진실 The Simple Truths of Service》의 공동 저자

켄 블랜차드와 랜디 콘리는《켄 블랜차드 리더십 수업》에서 서번트 리더십의 '신뢰'와 '단순하지만 확실한 지혜'가 어떻게 심오한 결과를 낳는지 그 이유를 말해준다. 두 저자는 오랜 시간 답습해온 조직의 하향식 피라미드를 거꾸로 뒤집고, 고객을 조직의 최고 자리에 올려놓는다. 이 책은 이제 막 부임한 리더와 경험이 풍부한 리더 모두에게 꼭 필요한 필독서다!

_ 리처드 올란도 박사, 레거시캐피털(Legacy Capitals) 창립자이자《유산 Legacy》《고객을 사랑하라 Love Your Clients》의 저자

훌륭한 리더십에 대한 이야기는 너무나 많이 반복되어 왔다. 그럼에도 이러한 리더십을 실행에 옮기는 사람은 보기 드물다. 켄 블랜차드와 랜디 콘리는 서번트 리더십을 실천하고, 팀원을 신뢰하는 방법을 지금 당장 실행할 수 있도록 오랜 시간을 축적해온 지혜를

읽기 쉽게 요약하여 보여준다. 이러한 조언을 명심하고 실천한다면 분명 조직에서 좋은 성과를 낼 것이다!

_셰릴 바첼더, 파파이스 루이지애나 키친 전임 대표이자 《담대하게 봉사하기Dare to Serve》의 저자

단순하면서도 강력하고 단순하면서도 실용적이다. 간단히 말해 탁월하다. 침대 맡에 두고 매일 읽어보길 권한다. 그리고 《켄 블랜차드 리더십 수업》 속에 있는 교훈을 실천해보자. 더 나은 리더가 될 뿐만 아니라, 의미 있고 충만한 삶을 살게 될 것이다.

_제시 린 스토너, 《전속력으로 전진하라!Full Steam Ahead!》의 공동 저자

성과도 내고 사랑받는 리더가 되고 싶다면 이 책을 탐독하라. 켄 블랜차드와 랜디 콘리는 조직에서 바로 통하는 실용적인 리더십 원칙을 알려준다. 상식적인 원칙을 지키다 보면 당신도 머지않아 진정한 서번트 리더가 될 것이다.

_하워드 베하르, 전 스타벅스 회장

오늘날 최고의 리더들은 직원을 돕는 역할에 충실하다. 그들은 직원의 고과를 평가하는데 그치지 않고 인정받는 직원이 될 수 있도

록 옆에서 돕는다. 서번트 리더십과 신뢰는 타인에게 영향력을 미치는 리더십의 뼈대다. 이 책에 있는 52가지의 '단순하지만 확실한 지혜'를 활용해 직원들에게 권한을 주고 리더와 직원이 함께 참여하는 목표를 만들어보자. 직원들이 열정적으로 일하고 이것이 놀라운 성과로 이어지는 사내문화를 목격하게 될 것이다.

_게리 리지, WD-40 Company 대표이사 및 회장

우리는 좋은 리더가 될 수 있는 방법을 알면서도 실행하는 것은 곧잘 잊어버린다. 켄 블랜차드는 실생활에서 사용할 수 있는 요령이 담긴 목록과 서번트 리더십에 있어 완벽한 지침서를 집필했다. 이 책은 여러분을 더 나은 리더로 완성시켜줄 것이다. 지금 삶 속에서 이 '단순하지만 확실한 지혜'를 실천해보자!

_마셜 골드스미스, 베스트셀러 《트리거Triggers》《모조Mojo》의 저자

땅콩 버터와 젤리, 야구공과 잭스 크래커, 켄 블랜차드와 랜디 콘리, 서번트 리더십과 신뢰. 이 각각의 개념은 서로에게 천생연분이다. 《켄 블랜차드 리더십 수업》이 정말로 놀라운 이유는 단지 지식이 아닌, 기억에 남는 격언과 지혜로 가득하다는 것이다. 52개의 짧은 챕터들 하나하나가 귓전에 맴돌며 머릿속을 파고드는 짧은 시처럼 단순하다. 이 책의 '단순하지만 확실한 지혜'들은 매우 논

리적이어서 이 모든 것을 쉽게 기억할 수 있을 것이다. 켄 블랜차드와 랜디 콘리는 '단순하지만 확실한 지혜'들을 개인과 조직 전체에 가까이 다가가게 하고 또 기억에 남게 하는 것을 목표로 한다. 이 책을 읽은 누구나 한층 풍부한 지혜를 얻고 현명해진 자신을 깨달으며 미소를 짓게 될 것이다. 무엇보다 이런 경험은 책을 덮은 뒤에도 계속될 것이다.

_찰스 H. 그린, 트러스트어드바이저(Trusted Advisor) 창립자이자 《신뢰의 기술The Trusted Advisor》의 공동 저자

이 책은 오늘날 조직 안의 고독과 단절의 위기를 해결하는 데 꼭 필요한 조언을 담고 있다. 두 저자는 서번트 리더십과 신뢰에 대해 간결한 메시지를 전한다. 이는 사람들에게 선한 영향력을 미치면서 뛰어난 성과와 리더십 모두를 잡는 현명한 지침서가 될 것이다.

_마이클 리 스탈라드, 커넥션 컬쳐 그룹(Connection Culture Group) 공동 창립자이자 《커넥션 컬쳐Connection Culture》《기업 마음을 경영하라Fired Up or Burned Out》의 저자

서번트 리더십의 가장 위대한 챔피언 가운데 한 사람인 켄 블랜차드가 다시 한 번 해냈다. 랜디 콘리와 함께 만들어낸 보석 같은 이 책은 효율적인 서번트 리더로서 신뢰를 형성하는 방법에 대한 영감과 강력한 조언으로 가득하다. 직장과 그 밖의 사적인 영역에서

도 인간관계를 더욱 돈독히 하고 싶다면 이 책을 꼭 읽어보길 바란다.

_래리 C. 스피어스, 곤자가대학교 서번트 리더십 학자

켄

이 책을 가족에게 헌정합니다.
아내 마지, 아들 스캇, 큰 며느리 매들린, 딸 데비, 처남 톰 맥키에게.
또한 우리 켄 블랜차드 컴퍼니 본사가 몇 년간 지속된 팬데믹을 뚫고
다시 돌아올 수 있도록 굳은 믿음으로 서번트 리더십을 보여준
리더십 팀에게도 이 책을 바칩니다.
모든 구성원이 함께하여 즐거운 경험이었습니다!

◆ ◆ ◆

랜디

이 책을 킴, 마이클, 매튜에게 헌정합니다.
매일 여러분이 보여준 신뢰의 가치는
영감을 불어주었습니다.

차례

1장 서번트 리더십

2장 신뢰 형성하기

단순하지만
확실한 지혜

"나는 사랑받는 선생님으로서 단순하지만 확실한 지혜를 몸소 실천하겠다."

내 미션 선언은 이것으로 시작됩니다. 이 문장은 서번트 리더십 연구를 포함해 내가 하는 작업 전체의 중심입니다. 나는 언제나 사람들이 일과 삶에서 리더십 상식을 실천할 수 있도록 '단순하지만 확실한 지혜'를 추구해왔습니다. 나아가 그들이 소중히 여기는 사람들의 삶까지 더 행복하고 만족스럽게 만들 수 있도록 말입니다. 이러한 목적을 이루기 위해 비슷한 철학을 공유하는 공동 저자들과 함께 일했고, 이는 여전히 저에게 즐거움과 영감을 줍니다. '1+1'은 '2'보다 언제나 더 크니까요.

랜디 콘리와 이번 책 작업을 함께하면서 내 생각은 더욱 확고해

졌습니다. 지난 15년 동안 랜디의 전문 연구 영역은 '신뢰'라는 복잡한 주제의 정수를 단순하게 도출하는 것이었습니다. 그것은 더욱 진실되고 만족스러운 관계 형성을 돕는 실천 가능한 원칙들을 발견하는 것입니다. 미국신뢰협회(Trust Across America)는 신뢰 분야에 있어 탁월한 업적을 쌓은 랜디 콘리에게 그간의 공로를 인정하여 평생 공로상을 수여했습니다. 이는 최고의 전문가에게 수여하는 상으로서 해당 분야에서 가장 영예로운 상입니다. 더욱이 혁신적인 소규모 비즈니스 오너와 창립자들을 소개하는 유일한 잡지인 〈Inc.com〉에서는 그를 '100명의 리더십 강연자와 사상가' 가운데 한 사람으로 선정했습니다.

서번트 리더십과 신뢰에 대해 이야기할 때면, 우리는 일반적인 상식이라고 생각하는 원칙들이 왜 그처럼 실행되지 않는지 의문이 생기곤 했습니다. 만일 오늘날 리더들이 리더십에 조금 더 상식적으로 접근한다면, 직원의 반 이상씩이나 업무 몰입도가 떨어진다는 사실은 더는 어디에서도 언급되지 않을 것입니다.

이는 책의 가제목인 《헐! 리더십 상식은 왜 상식적으로 실천되지 않을까? DUH! Why Isn't Commonsense Leadership Common Practice?》가 책 제목 후보에 있었던 이유이기도 합니다. 또 다른 이유는 내가 이 제목을 청중에게 언급했을 때, 제목의 진실을 간파한 청중이 폭소를 터뜨렸기 때문입니다. 그리고 곧바로 이 책이 언제 나오는지 질문하기 시작했습니다. 담당 출판사인 베렛-콜러에서 책의 가제와 부제에 대한 여론 조사를 실시했고, 조사 결과에 따라 이것이 왜 책 제목이 될 수 없는지 명확한 2가지 이유를 알려주었습니다. 첫 번째로는 영어 의성어 'duh'가 다른 언어로 번역되기 쉽지 않다는 것입니다. 두 번째로는 설문 답변에서 독자가 선호하는 책 제목이 나왔다는 것이었습니다. 《리더십의 단순하지만 확실한 지혜: Simple Truths of Leadership》. 제목을 강조하는 부제로는 '상식을 상식대로 실천하기'가 적합하다고 말이죠.

우리는 많은 리더들이 상식적인 리더십 원칙들을 실제 업무 환경에서 적용하지 않는다는 걸 알게 됐습니다. 그래서 이 책을 공동 집필하기로 마음먹었습니다. 이 책의 구성은 아주 간단합니다. 한 페이지에는 서번트 리더십 또는 신뢰에 대한 단순하지만 확실한 지혜를 나열했습니다. 다음 페이지에서는 리더십 개념을 사용하는 사례가 왜 부족한지 설명하고 그러한 개념이 왜 중요한지 간략하게 설명하였습니다.

세 번째 페이지의 구성은 독자에게 행동으로 옮길 것을('아는 만큼 실행하기') 독려하며, 현업에서 리더들이 쉽게 적용하도록 곧바로 개념을 실행할 수 있는 방법을 소개하였습니다. 상식적인 리더십이 실행될 때 리더, 팀원, 조직 모두가 승자가 됩니다.

또한 이 책은 크게 두 개의 챕터로 나눕니다. '서번트 리더십'은 내가 담당한 분야이고 '신뢰 형성하기'는 랜디가 맡은 분야입니다. 우리는 2가지 이유로 이러한 방식을 채택했습니다.

- 서번트 리더십이 효과적으로 시행될 때, 리더와 구성원 사이에는 신

뢰가 넘치게 됩니다. 서번트 리더십과 신뢰는 언제 어디서나 함께하는 짝꿍입니다.

- 우리는 각각 '서번트 리더십'과 '신뢰 형성하기' 분야의 전문가입니다.

여러분은 이 책을 다양한 방식으로 활용할 수 있습니다. 순서대로 '단순하지만 확실한 지혜'를 정독하세요. 그 다음 52가지 중 1가지를 골라 읽어주세요. 그리고 1년 동안 1주일에 1가지씩 실제로 적용해보세요. 또는 여러분에게 가장 흥미로운 주제로 바로 넘어가도 좋습니다. 책의 말미에는 팀과 함께 개념을 더 깊이 탐구할 수 있는 토론 가이드가 있습니다.

우리는 여러분이 이 책을 즐겨 읽으면서 '단순하지만 확실한 지혜' 가운데 몇 가지라도 리더십 형성에 꼭 필요한 요소로 받아들이게 되기를 바랍니다. 만약 그렇게 된다면 여러분의 삶은 물론, 여러분이 영향력을 미치는 타인의 삶에도 큰 변화가 일어날 것입니다.

— 켄

1장

---◇---

서번트
리더십

켄 블랜차드는 평생 동안 서번트 리더십에 열정을 쏟았습니다. 서번트 리더십이란 리더가 팀원이 목표를 성취할 수 있도록 돕는 것입니다. 이번 장에서는 이 과정을 중점적으로 다룹니다.

◆ ◆ ◆

예전에 내가 하던 연구의 초점 대부분은 어떻게 하면 리더십 행동과 리더십 유형 방법을 향상시킬 수 있는가에 맞춰져 있었습니다. 나와 동료들은 외부적인 요인으로 리더들을 변화시키려고 시도했습니다. 그러나 최근 몇 년 동안 효과적인 리더십은 내적인 것에서 시작된다는 걸 발견했습니다. 이는 곧 마음가짐에 대한 질문이기도 했습니다. 모든 것은 리더의 성향과 의도에 달려 있기 때문입니다.

여러분이 사람들을 이끄는 목적은 무엇입니까? 돕기 위해서입니까? 아니면 군림하기 위해서입니까? 이 질문에 이어지는 답은 무척이나 중요합니다. 그래서 저는 레니 브로드웰과 함께《서번트 리더십의 실천Servant Leadership in Action: How You Can Achieve Great Relationships and Results》을 공동 집필했습니다. 사이먼 시넥, 브레네 브라운, 마셜 골드스미스 등 리더십 분야의 핵심 지도자 45명도 서번트 리더십에 대한 견해를 공유하였습니다. 이 책의 핵심은 '서번트 리더인 척 행세하기란 불가능하다'는 것입니다.

서번트 리더가 되는 것을 막는 가장 큰 방해 요소는 개인의 욕심에 따라 구성원들의 동기를 부여하는 것입니다. 그리고 세상을 자기 편한 대로 '조금 나눠주고 많이 가져가기'와 같이 대하는 것입니다. 이기적인 리더는 자신의 현안, 안전, 지위, 욕구 충족을 최우선으로 여깁니다. 리더의 사고와 행동에 영향을 받는 타인보다도 말입니다.

이기적인 리더십에서 이타적인 리더십으로 마음가짐을 바꾸면, 자발적으로 실천하는 리더가 되고 싶다는 동기를 자신에게 부여하게 됩니다. 자신의 마음가짐을 올바르게 하지 않는 리더는 결코 서번트 리더가 될 수 없습니다. 잘못된 마음가짐은 부정적인 사고방식에 물들게 하고, 행동에도 영향을 주며 매일 아침을 "무엇이 나에게 이득이지?"라는 질문으로 시작하게 할 것입니다. 확실히 이러한 마음가짐은 서번트 리더십이 아닙니다.

이번 장에서는 공동선이라는 숭고한 가치에 집중함으로써, 세상을 좀 더 나은 곳으로 만들어주는 서번트 리더십과 그것이 가진 힘에 대해 더 많이 배우게 될 것입니다.

— 켄

서번트
리더십의
핵심

Simple Truths of Leadership

서번트 리더십은
최고의 성과와
최상의 관계,
모두를 얻는
최선의 방법이다

week 1

조직의 리더들은 종종 '성과'와 '구성원' 가운데 한 가지에 집중하게 된다. 예를 들어, 결과에만 집중하는 리더들은 구성원과 최상의 관계를 만드는 데 어려움을 겪을지도 모른다. 주로 관계에만 집중하는 리더들은 원하는 결과를 얻는 데 어려움을 겪는다.

그러나 서번트 리더십의 2가지 측면을 이해하게 된다면 최고의 성과와 최상의 관계 모두를 얻게 될 것이다.

- **'리더십** 측면'은 비전, 방향성, 성과에 집중하는 것이다. 리더는 구성원과 함께 가고자 하는 목적지를 설정한다. 조직이 나아가야 할 방향과 원하는 결과가 무엇인지 설정하기 위해서는 구성원을 이 일에 참여시켜야 한다. 만일 구성원이 어디로 가고 무엇을 성취해야 하는지 모른다면 그 책임은 리더에게 있다.

- **'서번트** 측면'은 구성원과의 관계 속에서 그들과 함께 일하는 것에 초점을 맞춘다. 비전과 방향이 명확해지면 리더는 구성원과 합의한 목표를 달성하도록 돕는 역할로 전환한다.

아는 만큼 실행하기

COMMON SENSE COMMON PRACTICE

서번트 리더십의 2가지 측면을 효과적으로 사용하면 쉽고 빠르게 성과를 달성하면서 최상의 관계를 만들 수 있다.

1. 비전과 방향을 설정할 때 구성원을 참여시켜 무엇을 해야 하는지 알 게 하라. 다시 말해, 비전과 방향 설정은 리더의 책임이 맞지만 위에 서 아래로 일방적인 지휘를 하라는 뜻은 아니다.

2. 과제나 목표를 실행에 옮길 때 리더는 구성원을 돕기 위해 존재하 는 것이지, 군림하려는 게 아니라는 걸 인지시켜라. 리더의 책임은 리더와의 교육, 피드백, 경청, 소통을 통해서 구성원 각자 자신의 목 표를 달성하도록 돕는 것이다.

리더가 성과와 관계, 이 2가지 사고방식을 둘 다 갖추는 것은 무 척이나 중요하다.

단순하지만
확실한 지혜
#2

강력한 비전이
탁월한 조직을 만든다

week 2

조직의 리더들에게 강력한 비전이 무엇인지 설명할 때 일부는 멍한 표정을 짓는다. 또는 "우리 조직의 비전이 분명히 어느 벽엔가 붙어 있을 거예요."와 같은 말을 하곤 한다. 그렇다면 강력한 비전은 대체 무엇을 말하는 것일까?

제스 스토너와 함께 집필한 책《전속력으로 전진하라!:Full Steam Ahead! Un-leash the Power of Vision in Your Work and Your Life》에서 언급한 강력한 비전은 다음 3가지 요소를 포함한다. 비즈니스의 목적(어떤 비즈니스를 하는가), 비즈니스의 미래(어디를 향해 가고 있는가), 비즈니스의 가치(무엇이 사업의 지표인가).

디즈니, 사우스 웨스트 항공, 노드스트롬, 웨그맨스, 스타벅스 등 각 분야에서 선두주자인 기업들의 강력한 비전은 여전히 살아 숨쉬며 오늘날까지 무럭무럭 뿌리내리고 있다.

아는 만큼 실행하기

COMMON SENSE COMMON PRACTICE

조직에서 강력한 비전 3가지 요소를 통합하여 실행하는 방법을 소개한다.

- 구성원에게 자신이 어떤 비즈니스를 하고 있는지 명확하게 알린다. 월트 디즈니는 테마파크 사업을 시작할 때 이렇게 말했다. "우리는 행복이라는 산업에 종사하고 있습니다."

- 구성원에게 어디를 향해 가고 있는지, 무엇이 좋은 성과인지 확실하게 알려라. 디즈니가 직원들에게 말하는 미래의 모습은 고객들이 테마파크에 입장할 때 지었던 미소를 떠날 때에도 똑같이 지으며 떠나는 것이다. 이것이 디즈니 테마파크가 생각하는 미래의 방향성이다.

- 어떤 가치가 구성원의 여정을 안내하는지, 구성원이 이를 명확히 인지하는지 알아본다. 디즈니 테마파크가 중요하게 여기는 첫 번째 가치는 '안전'이다. 그 다음 가치는 '공손함'과 '공연'이다. 이는 모든 구성원이 주어진 역할을 완벽하게 소화하는 것을 뜻한다. 티켓 판매원이든 미키 마우스든 모든 사람이 자신의 역할에 충실하게 임하는 것

이다. 마지막 가치는 효율성으로 원활한 운영과 최대한의 수익을 낼 수 있는 조직을 지향한다.

만약 당신이 디즈니만큼 아주 명확하게 강력한 비전을 공유할 수 있게 됐다면, 진심으로 축하한다! 당신은 지금 '단순하지만 확실한 지혜'를 실천했다.

조직의
계층 피라미드를
거꾸로 뒤집어라

대부분의 조직과 리더들이 오랜 시간 계승해온 수직적인 피라미드 계층 방식으로 회사와 조직을 운영할 때, 서번트 리더십은 실행 단계에서부터 문제를 겪는다. 이러한 수직적인 피라미드 계층 속에서 구성원들은 누구를 위해 일한다고 생각할까? 바로 상위 계층에 있는 사람들이다. 구성원들이 상사를 위해 일한다고 생각하는 순간, 업무의 주체는 상사이기에 상사가 책임을 지고 자신의 일은 상사의 변덕과 요청에 곧바로 응대하는 것이라고 생각하게 된다. '상사가 지켜보고 있다.'와 같은 말은 윗선에 얼마만큼 '잘 보이느냐' 하는 처세술로 진급이 결정된다는 뜻이다. 이 같은 문화는 인기 스포츠처럼 회사 곳곳에 만연해지고 그 결과, 조직은 고객과 고객을 응대하며 목표를 실행에 옮기는 구성원에게 에너지를 모두 쏟지 않고 오직 조직 피라미드 상위 계층에만 에너지를 집중시킨다.

　서번트 리더들은 서번트 리더십을 실행에 옮기는 시점에 철학적인 방향으로 조직의 피라미드를 거꾸로 뒤집고, 이러한 비효율적인 상황을 바로잡는 방법을 알고 있다. 수직적인 피라미드 계층을 거꾸로 뒤집음으로 고객을 직접 응대하는 구성원과 고객은 조직의 피라미드에서 가장 높은 곳에 위치하게 된다. 그리고 리더십 계층 구조에 속해 있는 모든 사람들이 피라미드 상위 계층에 있는 구성원과 고객을 위해 일하게 된다. 이것은 큰 차이를 만드는 동시에 한 가지 변화를 이끌어낸다. 바로 누가 업무의 주체가 되어 책임을 지고, 누가 그 책임을 다하도록 도움을 주느냐는 것이다.

아는 만큼 실행하기

'실행하기'는 서번트 리더십을 실현할 때 가장 필요한 핵심 요소이다.

- 리더의 역할은 구성원을 위해 일하는 것이다. 따라서 구성원이 리더를 위해 일하는 것이 아니라는 걸 명확히 하라. 리더는 도움을 주는 사람이지 평가하는 사람이 아니다.

- 구성원이 스스로 생각하며 일할 수 있도록 권한을 주어라. 이 방식을 적용하면 구성원은 내부와 외부 고객에게 책임감을 가지고 응대하게 된다. 리더의 역할은 구성원이 목표를 달성할 수 있도록 도와주는 것이다.

이를 실천하게 되면 전보다 완전히 달라진 분위기를 느끼게 될 것이다. 또한 업무의 책임 소재가 누구에게 있는지 구성원 모두가 명확히 깨닫게 된다.

1분 경영
노하우

단순하지만
확실한 지혜
#4

명확한 목표는
명백히 좋은 성과를 낳는다

week 4

리더십이란 어떤 지점을 향해 가는 것이다. 만일 리더와 구성원들이 어디를 향해 가는지 모른다면, 리더의 리더십은 아무런 의미가 없다. 매니저 대다수가 목표 설정의 중요성에 동의한다고는 하지만, 여전히 많은 매니저들이 구성원과 함께 목표를 명확히 개발하고 글로 기록하는 일에 시간을 할애하지 않는다. 결과적으로 구성원은 자신의 프로젝트에 정신없이 시간을 쏟느라 업무의 늪에 빠지곤 한다. 심지어 그 프로젝트가 필요한 업무가 아닌데도 말이다.

조직의 성과를 관리하고 싶다면 구성원과 일대일 미팅을 하고, 구성원이 도맡은 업무 영역에서 중요한 부분에 관찰과 측정이 가능한 목표를 설정하라. 그렇게 하면 리더와 구성원은 업무가 진전을 하고 있는지 또는 개선을 위해 코칭이 필요한 건 아닌지 등 판단하는 데 도움이 되는 명확한 성과 지표를 얻게 될 것이다.

아는 만큼 실행하기

중요한 것에 집중하기 위해서 구성원과 함께 'SMART' 목표를 세워라. 'SMART'는 뛰어난 목표 설정에서 가장 중요한 요소로 검증된 단어들의 머리글자를 딴 단어이다.

- **Specific**(구체성): 목표는 무엇이 향상돼야 하는지, 좋은 성과는 어떤 것인지 명확해야 한다.
- **Motivating**(동기부여): 사람들은 자신이 하는 일이 어떤 변화를 이끌어내는지 알고 싶어한다.
- **Attainable**(달성 가능성): 사람들은 어느 정도 도전적이면서도 불가능하지 않은 목표를 좋아한다.
- **Relevant**(연관성): 목표는 성과 전체에 변화를 이끌어내야 한다.
- **Trackable**(추적 용이성): 정기적으로 성과를 측정하려면 기록 관리 시스템이 필요하다.

효과적인 성과 관리는 언제나 명확해야 하며, 이는 관찰과 측정이 가능한 목표에서 시작된다.

단순하지만
확실한 지혜
#5

구성원을 발전시키는
중요한 열쇠 :
잘하는 일을 포착하라

나는 전 세계를 돌아다니며 각 국가의 조직에서 일하는 구성원에게 본인이 일을 잘하고 있는지 어떤 방식으로 알 수 있느냐고 물었다. 가장 많이 나온 대답은 "최근에 아무도 저에게 소리 지르지 않았어요. 무소식이 희소식입니다."였다. 안타깝지만 이들은 자신이 무언가를 잘했을 때 칭찬받아본 경험이 없는 사람들이다. 이들은 상사를 만나는 것을 두려워한다. 왜냐하면 곧 망치가 자신을 내려칠 거라는 걸 알기 때문이다.

내가 마주하는 가장 흔한 경영자들의 리더십 유형은 구성원과 목표를 세우고 황급히 사라졌다가, 뭔가 잘못됐다는 걸 알았을 때가 되어서야 비로소 등장하는 이른바 '갈매기 경영(seagull management)'이다. 이들은 무언가 잘못되면 갑자기 날아와서 엄청난 소음을 만들고, 많은 사람들을 못살게 굴다가 다시 어디론가 날아간다.

만일 지난 50여 년 동안 내가 가르친 모든 것이 한순간에 사라진다고 가정해보자. 그러한 상황에서도 마지막 순간까지 남기고 싶은 한 가지 개념이 무엇인지 묻는다면 나의 대답은 항상 똑같다.

"구성원이 잘하고 있는 일을 포착하여 칭찬하는 것입니다. 이것이 중요합니다."

효과적인 칭찬은 구성원이 자신의 목표 달성에 한층 더 가까이 도달하게 하고, 리더가 구성원을 돕는 행위를 강화시킨다.

아는 만큼 실행하기

리더는 누가 무슨 일을 잘하는지 포착하여 칭찬한다. 칭찬할 때는 다음의 단계를 따른다.

1. 구성원이 무엇인가 잘하고 있다는 것을 보게 되면 즉시 칭찬한다.

2. 구성원이 무엇을 잘했는지 구체적으로 이야기한다.

3. 구성원이 무엇을 잘했고, 그것이 어떻게 도움이 되었는지 리더가 받은 긍정적인 느낌을 언급한다.

4. 구성원이 자신이 한 일을 기분 좋게 느끼도록 잠시 멈춰 시간을 할애한다.

5. 앞으로도 똑같은 일을 더 잘할 수 있다고 독려한다.

6. 구성원 모두에게 확신이 있으며, 미래에 이뤄낼 성공을 지지한다는 것을 분명하게 말한다.

칭찬은 매니저와 팀원 모두에게 강력한 효과를 선사한다. 칭찬은 구성원을 발전시키고 리더와 일하는 모두를 승자로 만드는 열쇠다.

단순하지만
확실한 지혜
#6

나아진 점을
칭찬하라!

좋은 성과는 최종 목적지가 아니라, 목표를 향해 조금씩 발전해나가는 것이다. 선의를 지닌 많은 리더들조차 구성원이 프로젝트를 완수하거나 목표를 달성하는 등 정확히 무언가를 해낼 때까지 칭찬을 보류한다. 하지만 팀원이 업무 영역에 자신이 없다면 영원히 칭찬할 타이밍을 기다리기만 할 수도 있다. **정확하게 말하자면** 올바른 행동은 여러 번의 **대략적인** 올바른 행동들이 모였을 때 만들어진다. 구성원에게 업무의 진전을 칭찬하는 것은 올바른 방향으로 나아가고 있다는 걸 깨닫게 한다.

　예를 들어, 이제 막 걸음마를 배우는 당신의 아이에게 "물 한 잔 주세요, 부탁합니다."라고 말하는 것을 가르치려 한다. 아이에게 마실 것을 주기도 전에 문장을 완벽하게 말할 때까지 기다린다면 아이는 말도 배우기 전에 갈증으로 죽을 수도 있다. 그 대신, "물! 물!" 하며 짧게 외치라고 가르치는 편이 낫다. 그러다 보면 어느 날 갑자기 아이가 "무울."이라고 말하게 될 것이고, 당신은 방방 뛰며 아이를 껴안고 뽀뽀하며 할머니에게 전화를 걸 것이다. 그리고 아이에게 전화기에 입을 대고 "무울! 무울!"이라고 말하라며 재촉할 것이다. 정확한 **물**은 아니지만 나름대로 어엿한 물에 가까운 발음이다. 반면, 21살인 자녀가 음식점에 가서 "무울 한 잔 주세요."라며 말할 것이라고 생각하지 않는다. 일정한 시간이 지나고 부모는 오직 **물**이라는 정확한 단어만을 인정하고 받아들인다. 그리고 나서 당신은 **"부탁합니다"**라는 다음에 따라오는 말을 가르치기 시작할 것이다.

성인에게도 똑같은 방식을 적용할 수 있다. 승리로 향하는 긴 여정에서 우리 모두는 적극적으로 격려하는 사람이어야만 한다.

아는 만큼 실행하기

다음의 4가지 단계를 따르면 구성원에게 업무의 진전을 적절하게 칭찬할 수 있다.

1. 자리에서 벗어나 부서 주변을 둘러보라. 또한 사무실에서 멀리 떨어져 근무하는 직원들을 위해 자주 화상회의를 열어 연속적인 관계를 유지한다.

2. 구성원이 무엇을 하고 업무가 어떻게 진행되는지 관심을 갖는다.

3. 누군가 무엇인가를 잘하고 있는 것을 포착할 때 또는 시작 단계에서 완벽하지는 않지만 그래도 잘하고 있다고 생각할 때에도 칭찬한다.

4. 바람직한 행동들을 지속적으로 할 수 있도록 계속해서 응원한다.

서번트 리더는 코칭, 격려, 칭찬으로 구성원이 자신이 세운 목표를 달성하도록 돕는다.

단순하지만
확실한 지혜
#7

목표를 벗어났다고
질책하기 전에
방향을 재설정하라

week 7

1982년에 출간한 《1분 경영The One Minute Manager》(한국어판에서 manager를 경영자로 번역해 사용했으나, 좀 더 포괄적인 의미로 '매니저'를 사용해야 한다_옮긴이)의 공동 저자인 스펜서 존슨과 나는 1분 매니저의 세 번째 비결을 '1분 질책(One Minute Reprimands)'이라고 이름 지었다. 사람들은 리더십을 하향식 단계로 이루어진 수직적 관계로 보곤 한다. 매니저는 구성원이 업무와 관련한 경험이 있음에도 성과가 좋지 않을 때, 그가 다시 정상 궤도에 오를 수 있게 도우려고 한다. 이에 성과가 낮으면(개인적인 부분이 아닌) 빠른 '질책'으로 피드백을 주려고 했다.

그러나 오늘날에는 수평적인 리더십이 수직적인 리더십보다 훨씬 더 효과적이라는 사실이 입증되고 있다. 기술을 비롯한 갖가지 분야에서 변화가 너무 빨리 일어나고 있기 때문에, 사람들은 거의 하루종일 학습모드를 취한다. 학습하는 사람을 처벌하는 것은 결코 적절하지 않다. 이에 스펜서 존슨과 나는 《1분 경영》 개정판에서 1분 매니저의 세 번째 비결을 '1분 재설정One Minute Re-Directs'으로 변경했다.

구성원이 목표를 명확히 이해하고 있지만 여전히 배우고 있고 성과가 아직 기대에 미치지 못할 때, 방향을 재설정해주는 것은 질책보다 훨씬 더 효과적이다. 우리의 목적은 구성원을 성장시켜 그들이 지속적으로 향상된 성과를 내게 하는 것이다.

아는 만큼 실행하기

팀원이 실수를 저지른 다음에도 계속해서 배우고 발전할 수 있도록 다음의 단계에 따라 효과적인 재설정(redirection)을 적용한다.

1. 가능한 빨리 팀원의 실수를 재설정한다.

2. 리더로서 목표를 명확히 했는지 확인한다. 그렇지 않다면 다시 목표를 명확히 한다.

3. 먼저 사실을 확인하고 실수를 함께 검토한다. 그리고 무엇이 잘못되었는지 구체적으로 말한다.

4. 실수에 대해 당신이 어떻게 느끼는지, 그 오류가 결과에 미치는 영향은 무엇인지 알려준다.

5. 팀원이 실수의 결과를 느낄 수 있도록 시간을 잠시 할애한다.

6. 팀원이 충분히 잘할 수 있다는 걸 인식하고 팀원에 대해서 긍정적

으로 생각한다고 언급한다.

7. 여전히 팀원에게 신뢰를 가지고 있으며, 팀원의 성공을 지지하고 있다는 것을 다시 한 번 상기시킨다.

리더에게
최고의 순간은
구성원에게
집중하는 시간이다

사람들은 《1분 경영》의 책 제목을 보고 왜 이런 제목을 짓게 되었는지 궁금해한다. 어떻게 하면 팀원을 1분이라는 짧은 시간 안에 관리할 수 있을까? 아마도 상상하기 어려울 것이다. 현실에서는 많은 리더들이 구성원을 위해 목표를 세우고 진전할 때마다 칭찬을 아끼지 않으며, 구성원이 나아가는 방향을 재설정하는 데(이것은 《1분 경영》에서 3가지 비결로 소개하였다.) 심지어 단 1분의 시간도 쓰지 않는다.

리더가 팀원에게 적은 시간을 투자하는 것도 마찬가지다. 《1분 경영》에서는 리더가 구성원을 돕는 가장 좋은 방법에 대해 장시간의 대화, 예정된 미팅 또는 성과에 대한 면담이 아니라는 걸 이해시키는 데 중요성을 뒀다. 그보다 때때로 구성원이 하는 업무에 관심을 갖거나 그들이 하는 업무를 언급하고, 친근한 대화를 나누는 것과 같은 가장 단순한 행동들이 가장 의미 있는 일일 수도 있다. 이처럼 구성원에게 투자한다는 건 리더 자신이 아닌 구성원에게 집중하는 데 시간을 할애하는 것이다.

아는 만큼 실행하기

COMMON SENSE COMMON PRACTICE

직원에게 할 수 있는 최고의 투자는 단순한 일에 집중하는 것이다.

- 구성원의 제안을 경청하거나 문제를 논의한다.

- 가족 가운데 환자가 있다면 어떻게 지내는지 안부를 묻는다.

- 발표를 준비하는 구성원을 응원해준다.

- 생일을 맞은 구성원에게 "생일 축하해요."라며 축하해준다.

리더가 구성원을 각별하게 여긴다고 느끼도록 만드는 것은 많은 시간이 걸리지 않는다.

리더가 관심을 갖고 있다는 것을 알리기 위해 하루의 단 몇 분이라도 시간을 할애한다면, 이 짧은 시간이 생각보다 구성원에게 더욱 큰 의미라는 걸 알게 될지도 모른다.

상황에 맞는
서번트 리더십
사용하기

단순하지만
확실한 지혜
#9

구성원 개개인마다
다른 스타일로
접근한다

week 9

대부분의 리더들이 리더십을 발휘할 때 선호하는 리더십 유형이 있다. 실제로 수년간 이를 연구한 결과, 54퍼센트의 리더들은 오로지 한 가지 리더십 유형만을 사용하는 것으로 나타났다. 이는 단 한 가지 기술만을 보유하고 있다는 뜻이다.

이러한 부류의 리더는 리더십을 발휘할 때 성과와 구성원 가운데 하나에만 집중해야 한다고 속단한다. 이처럼 극단적으로 성과 또는 구성원 하나에만 치우친 리더는 효율적으로 리더십을 발휘하는 데 어려움을 겪는다. 그러나 서번트 리더는 성과를 최대한으로 내기 위해 구성원 각각의 발달단계에 맞춰 자신의 리더십을 유연하게 적용한다. 이들은 이러한 접근 방식이 구성원을 더욱 행복하게 하고, 더욱 성공적인 조직으로 이끈다는 사실을 알고 있다.

어떤 리더십 스타일은 특정한 상황에서 효과가 있지만, 그 밖에 상황에서는 통하지 않는다. 공저《플렉서블Leadership and the One Minute Manager》에서 언급한 것과 같이 효과적인 리더십에 대한 상황별 접근 방식은 '리더십 교육 프로그램'인 SLⅡ®(상황에 일치하는 리더십Situational approach to leadership)로 입증하였다. 이처럼 리더라면 구성원의 역량과 의욕에 따라 다른 리더십 유형을 적용하여 현재 업무에 접근할 필요가 있다. 예를 들면 열성적인 초보자(업무 역량은 낮지만 의욕이 높은 사람)에게는 '지시하는 리더십'이 필요하다. 회의감에 빠진 학습자(약간의 업무 역량이 있지만 의욕이 낮은 사람)에게는 '코칭하는 리더십'이 필요하다. 유능하지만 조심스러운 공헌자(업무 역량이 높지만 의욕이 일관적이지 않은 사람)에게는 '지원하는 리더십'이 필요하다. 마지막으로 자립적인 성취자(업무 역량과 의욕이 높은 사람)에게는 '권한을 맡기는 리더십'이 필요하다.

아는 만큼 실행하기

리더로서 어떻게 하면 유연한 리더십을 사용할 수 있을까?

- 구성원 각자와 함께 앉아 그들이 맡은 업무들을 살펴보라.

- 업무와 관련하여 그들이 열성적인 초보자인지, 회의감에 빠진 학습
  자인지, 유능하지만 조심스러운 공헌자인지, 자립적인 성취자인지
  살펴보자.

당신은 곧 구성원의 다양성을 깨닫고 각기 다른 리더십 유형을
적용해야 한다는 사실을 알게 될 것이다.

상황에 맞춰
여러 가지 리더십을
사용한다

같은 리더십 유형을 모든 구성원에게 사용하는 매니저들이 있다. 구성원은 지나치거나 또는 부족한 관리를 받을 때도 좌절을 겪는다.

일반적으로는 구성원 각자가 특정한 리더십 유형이 필요한 한 가지 발달단계에 있을 수 있지만, 어떤 한 가지 또는 두 가지 목표에 있어서는 그들의 일반적인 업무 지식과는 다른 수준의 역량과 의욕을 보일 수 있다. 예를 들면, 자립적인 성취자인 구성원에게 일을 맡기면 대개 그가 스스로 일을 해낼 수 있도록 홀로 자리에 남겨두곤 한다. 그러나 리더가 구성원에게 거의 경험해본 적 없는 새로운 업무를 맡겼다면 구성원은 열성적인 초보자로 변할 수 있다. 심한 경우에는 업무에 역효과가 날 수도 있다. 왜 그럴까? 이 특정한 과제에서 만큼은 구성원의 발달단계에서 완전히 다른 리더십 유형(이 경우에는 명확한 지시와 면밀한 지도)이 필요하기 때문이다.

서번트 리더는 구성원을 이끌 때 상황적으로 접근한다. 그들은 때때로 다양한 구성원에게 각기 다른 리더십 유형을 사용할 필요가 있다는 것뿐만 아니라, 같은 구성원이라도 업무에 따라서 다른 리더십 유형을 사용할 필요가 있다는 것 또한 알고 있다.

아는 만큼 실행하기

리더십이란 구성원에게 무언가를 하는 것이 아니라, 구성원과 '함께' 무언가를 하는 것이다. 서번트 리더는 이 점을 잘 알고 있다.

- 리더와 구성원이 함께 목표를 세우고 합의한다.

- 구성원과 상황에 맞춘 리더십 모델(SLII®)을 공부한다.

- 각각의 목표에 따른 구성원의 발달단계를 함께 진단한다.

이를 실천할 때, 리더와 구성원은 목표 또는 업무에 각기 다른 리더십 유형을 사용하는 것의 효과를 이해할 수 있다. 그 과정에서 리더는 점차 효율적인 서번트 리더로 거듭난다.

동기부여
환경
조성하기

동기부여하는 환경은
수익을 창출한다

week 11

일부 리더들은 손익보고서를 맹신한다. 비즈니스를 하는 단 한 가지 이유가 있다면 돈을 버는 것이라고 생각하기 때문이다. 그런 리더들은 누구보다 뛰어난 경영을 하면서도, 가장 수익성이 높은 조직일수록 직원이 가장 큰 고객이라는 사실을 이해하지 못한다.

만일 경영자가 구성원을 교육하고 그들에게 권한을 부여하며 회사의 가장 중요한 '넘버 원(No.1)' 고객으로 여겨 관심을 기울인다면, 직원들은 회사의 제품과 서비스를 구매하는 고객들을 확실한 방법으로 잘 관리하기 위해 최선을 다할 것이다. 이런 방식으로 업무의 물꼬를 틀기 시작하면 고객은 해당 회사의 열렬한 팬이 되고, 다양한 방식으로 마케팅에 도움을 준다. 이는 회사의 수익과 소유주나 주주의 재정적 이익에도 영향을 준다. 이것이 바로 모두가 윈윈(Win-Win)하는 최상의 환경이다.

아는 만큼 실행하기

리더로서 모두에게 최상의 결과를 선사하는 환경을 조성하고 싶다면 다음의 2가지를 반드시 실행한다.

1. 특히 고객의 요구를 충족시키는 측면에서 구성원이 조직의 중요한 자산이며, 그들의 공로가 중요하다는 것을 알려주고 구성원에게 집중한다.

2. 내부 및 외부 고객의 소리에 경청하고 그들의 요구에 따라 행동하며, 그 과정에서 고객의 기대를 뛰어넘을 수 있도록 구성원에게 권한을 준다.

단순하지만
확실한 지혜
#12

경계 안에서
자유를 허용한다

week 12

리더들에게 구성원이 자율적으로 일할 수 있도록 도와주라고 말하면, 대다수는 이를 구성원이 원하는 건 무엇이든 할 수 있는 자유를 주는 것으로 해석한다. 이것은 사실이 아니다. 행동거지에도 경계가 필요하다. 내가 가장 좋아하는 속담이 있다.

"둑이 없는 강은 그저 큰 웅덩이일 뿐이다."

리더는 구성원이 자신의 목표를 타당한 방법으로 달성하도록, 행동의 경계 안에서 자유를 갖기를 바랄 것이다. 강물이 강둑을 만날 때 에너지를 발산하듯이.

이처럼 효과적인 행동의 경계는 구성원이 자신의 힘과 에너지를 더욱 발휘하게 만든다.

아는 만큼 실행하기

COMMON SENSE COMMON PRACTICE

다음과 같은 방식으로 행동의 경계 안에서 구성원의 자율성을 북돋는다.

- 명확한 목표, 기대, 성과의 기준을 확립하라.

- 구성원이 모든 절차, 규칙, 법규를 인지하고 있는지 확인하라.

- 모든 구성원이 회사와 조직의 강력한 비전을 숙지하고 있는지 확인하라.
  - 비즈니스의 목적(어떤 비즈니스를 하는가?)
  - 비즈니스의 미래(어디를 향해 가고 있는가?)
  - 비즈니스의 가치(무엇이 사업의 지표인가?)

기대하는 점을
행동으로 알려라

week 13

구성원은 리더가 자신에게 기대하는 게 무엇인지 파악하지 못할 때 상실감을 느낀다. 그러한 구성원에게는 나침반도 없고 경계도 없으며 따라야 할 합의된 행동 기준마저 없다. 또한 어떻게 하면 상사를 기쁘게 할 수 있을지, 팀 동료들에게 어떻게 행동해야 하는지, 좋은 결과가 어떤 것인지 확신하지 못한다. 그들이 할 수 있는 전부는 그저 누군가 먼저 자신에게 다가와 무엇을 어떻게 해야 하는지 말해주기만을 기다리는 것이다.

팀원들과 수평적으로 일하는 서번트 리더라면 구성원에게 기대하는 점을 정확히 알려줘야 한다. 이것은 리더의 리더십 아래에서 구성원들이 어떻게 성공적인 구성원이 될 수 있는지 머릿속으로 그려볼 수 있게 한다.

그러나 기대하는 바를 입으로만 말하고 끝내면 안된다. 리더 스스로 자신이 구성원에게 기대하는 행동들을 몸소 보여야 한다. 리더가 말한 것은 반드시 행동으로 옮겨야 한다. 그렇지 않으면 리더의 말은 아무런 의미가 없다. 리더가 기대하는 점을 구성원과 소통하는 것은 구성원에게 자신감을 심어주고, 무엇이 좋은 결과인지 명확하게 알려준다.

아는 만큼 실행하기

리더가 팀원에게 '당신이 대우받고 싶은 대로 다른 사람을 대우하라.'라는 격언을 인용하여 기대하는 점을 조언했다고 가정해보자. 리더는 구성원에게 그 말이 구체적으로 어떤 모습을 뜻하는지 명확히 설명한다.

- 리더는 자신이 하는 모든 일에 있어 윤리적으로 행동한다.

- 리더는 자신이 대우받고 싶은 방식으로 고객을 대한다.

- 리더는 팀 동료들을 아끼고 서로를 응원한다.

브라보! 당신은 방금 구성원이 직접 보고 느끼며 그들의 일상 업무에 적용할 수 있는 그림을 그렸다. 이처럼 팀원들과 직접적으로 소통하며 얻은 명확한 기대치는 리더가 팀원들에게 바라는 일관된 행동 기준을 확립한다. 구성원에게 필요한 때에 지원을 해주고, 리더가 요구하는 기준을 높이며 구성원에게서 보기 바라는 행동들을 몸소 실천함으로써, 구성원이 자신의 목표를 달성하도록 도울 수 있다.

단순하지만
확실한 지혜
#14

권력을 잘 쓰는 방법은
타인을 돕는 것이다

갓 부임한 리더들 가운데 대부분은 마침내 자신의 방식대로 일할 수 있는 직함과 지위를 얻은 것에 흡족해하면서, 자신이 얻은 권력에 들뜨기 시작한다. 하지만 권력을 얻었다고 하여 구성원의 협력이 보장되는 것은 아니다. 자신의 지위에 심취하여 스스로 대단한 존재라고 생각하는 리더들은 뛰어난 인재를 잃고, 남아 있는 사람들에게마저 필요한 성과를 얻지 못할 위험에 빠질 수 있다.

내가 중학교 1학년이 되던 해에 학생회장에 당선되었다. 선거 결과에 고무되어 집에 오자마자 부모님께 투표 결과를 말씀드렸더니, 미국 해군에서 해군 소장으로 퇴역한 아버지께서는 나의 이야기를 듣자마자 재빨리 무언가를 상기시켜주셨다.

"축하한다, 켄. 이제부터 너는 학생회장이다. 부디 너의 지위를 이용하지 말거라. 위대한 리더는 권력이 있어서 위대한 것이 아니라, 사람들이 신뢰하고 존경하기에 위대한 것이란다."

아버지는 성공적인 서번트 리더가 되는 중요한 원칙을 알고 계셨다. 구성원이 리더를 신뢰하고 리더가 자신의 든든한 버팀목이라는 사실을 알게 될 때, 구성원들은 자신의 일에 최선을 다할 것이다.

아는 만큼 실행하기

만일 리더십을 사용하는 직위에 있다면 직위로부터 오는 권력에 집중하지 말고, 도움을 줄 수 있는 기회가 생긴 것을 기뻐하며 구성원에게 집중하라. 다음과 같은 일을 할 때 사람들은 자신의 리더가 군림하기 위해 그 자리에 있는 것이 아니라, 도움을 주기 위해 있다는 것을 알게 될 것이다.

- 지속적으로 **나**보다 **우리**를 강조한다.

- 말하기보다 더 많이 듣도록 한다.

- 지시하기보다 격려하고 노력을 인정하며 칭찬하자.

구성원이 리더의 주요 관심 대상이 될 때 구성원은 자신이 팀의 일원임을 알게 되고, 이는 최선의 노력을 다할 수 있는 동기를 부여한다.

단순하지만
확실한 지혜
#15

팀원을 잘 안다고
속단하지 말라

week 15

대부분의 리더는 구성원을 동기부여하는 것이 무엇인지 안다고 생각한다(가령, 돈이나 더 많은 권한 등). 이러한 속단은 성과가 좋은 구성원에게 그들이 원하지 않는 보상을 줄 가능성이 있다.

- "나는 당신의 성과에 매우 만족합니다. 그러니 이번에 연봉을 인상하겠습니다."

  : 그러나 팀원의 경제 사정이 나쁘지 않아 '연봉 인상보다는 회사에서 더 많은 권한을 주면 좋겠는데.'라고 생각할 수도 있다.

- "고객과의 관계에서 당신이 해낸 업무 결과는 아주 훌륭했습니다. 따라서 당신에게 더 많은 권한을 주려고 합니다."

  : 하지만 당사자 가족에게 건강 문제가 있어서 현금 보너스가 필요할지도 모른다.

이는 더 많은 권한을 바라는 팀원에게 연봉 인상의 혜택을 주고, 연봉 인상을 원하는 팀원에게는 더 많은 권한을 주려고 하는 경우다. 이 2가지 경우 모두 무엇이 구성원을 동기부여하는지 안다고 가정했기에 벌어진 일이다. 현실에서는 개인적인 이유만큼이나 동기가 부여되는 계기도 제각기 다르다.

아는 만큼 실행하기

개별적이면서 효과적인 방식으로 동기를 부여해라.

- 새해 또는 새로운 과제가 시작됐을 때 팀원이 좋은 성과를 냈다면 어떤 보상을 받고 싶은지 물어보라.

- 팀원이 성과를 잘 내고 있을 때, 팀원에게 적절한 칭찬을 하고 질문한다. "무엇이 당신이 좋은 결과를 낼 수 있도록 동기를 부여하나요?" 대답을 듣고 그들이 원하는 보상을 주라.

성과를 내는
서번트
리더의 특징

겸손한 리더는
그저 자신을 위한 생각을
덜 할 뿐이다

week 16

겸손을 서번트 리더십의 핵심 요소라고 말할 때 간혹 겸손을 약점으로 바라보는 이들이 있다. 1988년 노먼 빈센트 필과 집필한《윤리 경영의 힘The Power of Ethical Management》에서 건강한 자존감을 지닌 사람들은 적당한 겸손함과 자부심이 균형을 이룬다는 점을 강조했다. 더불어 이를 더욱 자세히 설명해주는 다음과 같은 단순한 진리를 사용했다. "겸손한 사람들은 자신을 하찮게 여기는 것이 아니라, 그저 자신을 위한 생각을 덜 할 뿐이다."

짐 콜린스는 그의 바이블과 같은 저서인《좋은 기업을 넘어 위대한 기업으로Good to Great》에서 높은 성과를 내는 리더들은 개인적으로 겸손함과 직업적 의지가 강력하게 결합된 면모를 보인다고 말했다.

"그들은 확실히 야망이 있습니다. 하지만 그들 자신이 아닌 누구보다 회사를 위한 앞선 야심에 차 있습니다."

아는 만큼 실행하기

COMMON SENSE COMMON PRACTICE

짐 콜린스는 자아(ego)가 강한 리더일수록 일이 잘 풀릴 때 거울을 보면서 자신의 등을 두드린다고 말한다. 반면 일이 잘못되었을 때는 창밖을 바라보며 비난할 상대를 찾는다.

겸손을 실천하는 서번트 리더가 되고 싶다면 다음의 단계들을 수행한다.

- 일이 잘 풀릴 때는 창밖을 내다보며 다른 사람들에게 공을 돌린다.

- 일이 잘 풀리지 않을 때는 거울을 보고 책임감을 느낀다. 이것은 서번트 리더에게서 발견할 수 있는 보편적인 특징이다.

지금 겸손을 어떻게 느끼고 있는가? 현실에서도 겸손은 약점이 아니다.

스스로를
칭찬해도 괜찮다

일부 리더들이 다른 사람들에게 엄격한 한 가지 이유는 자기 자신에게 엄격해서이다. 그들은 언제나 "내가 좀 더 잘했어야 했는데."라든지, "그런 세부사항을 잊어버리다니, 난 정말 바보인가 봐."라며 자책한다. 불행하게도 자신에 대한 잘못된 기대는 때때로 다른 사람들의 인식에 영향을 줄 수 있다. 끊임없이 자기 자신을 깔보거나 일을 하고 나서 잘못했다고 스스로를 꾸중하는 사람들 주변에 있는 것은 쉽지 않다. 이런 사람들은 자신이 잘하고 있는 것을 포착해서 되도록 자주 스스로를 칭찬한다면 상황이 훨씬 나아질 것이다.

또한 자신이 잘하는 일을 포착하게 되면, 이로써 삶의 모든 면이 개선되고 있다는 걸 깨닫게 된다. (특히 다른 사람과의 관계에서 말이다.) 어떻게 이런 일이 벌어지는 걸까? 사람들은 자기 자신을 좋아하는 사람과 함께 지내는 것을 즐겁게 여긴다. 이것이 바로 그 이유다. 만일 내가 나의 가장 좋은 친구가 아니라면 누가 그 자리를 차지할 수 있단 말인가?

아버지는 늘 이렇게 말씀하시곤 했다. "만약 네가 네 자신을 칭찬하지 않으면 다른 사람이 그 공을 채갈지도 모른단다."

아는 만큼 실행하기

다른 사람들의 노고를 인정하고 매번 그들에게 모든 공을 돌리는 행동은 결코 잘못된 것이 아니다. 다만, 작은 자화자찬 정도는 해가 되지 않는다는 점을 기억해라.

- 사람들이 당신이 한 일을 감사하게 여길 때, "네, 하지만…."이라고 덧붙이지 말아라. 대신 "알아봐주셔서 감사합니다."라고 말하라.

- 같은 맥락에서 누군가 칭찬해주면 그저 웃으면서 "고맙습니다."라고 말하라. 굳이 "아니에요."라며 대꾸하지 말라. 이는 상대방의 판단력이 나쁘다거나 똑똑하지 않다고 말하는 것과 같다.

만일 누군가 나에 대해 좋은 말을 하거나 기분 좋게 대한다면 그것을 받아들인다. 그리고 자신의 등을 가끔씩 두드려주는 것을 두려워하지 않아도 괜찮다. 당신이 스스로를 기분 좋게 느낀다면, 다른 사람들도 자기 자신을 좋아하게끔 도와줄 수 있다.

더 열심히
일하지 않는다

더 스마트하게
일한다

week 18

리더가 자신이 하는 일에 쏟는 시간과 노력의 양은 중요하다. 그만큼 많은 리더들이 자신이 하는 일의 양과 성공 사이에 직접적인 연관이 있다고 여긴다. 그들은 더 많은 시간을 투자하면 할수록 더욱 성공한 사람으로 보일 것이라 생각한다. 어느 순간 **위임**이라는 단어는 갑작스레 생긴 외래어만큼이나 낯선 말이 됐다. 리더의 마음속에는 비평가가 들어있고 비평가는 "그냥 앉아 있지 말고 뭐라도 좀 해 봐."라며 끊임없이 말한다.

이런 성향의 리더일수록 팀원들이 밖에서 즐거운 시간을 보내는 동안 홀로 밤늦게까지 일하고 있을 것이다. 분명히 그럴 것이라고 장담한다. 자신의 업무 이외에 구성원이 해야 하는 프로젝트까지 도맡기에 그렇다. 게다가 팀원들에게 일을 위임하게 되면 책임을 회피하는 걸로 비춰질까 염려한다.

이와 달리 서번트 리더는 더 똑똑하게 일한다. 그들은 자신의 업무가 팀원들의 일을 대신 해주는 게 아니라는 것을 안다. 서번트 리더는 팀원들이 스스로 일할 수 있도록 준비와 교육을 시키고, 위임하여 그들이 목표를 달성할 수 있게 한다.

아는 만큼 실행하기

COMMON SENSE COMMON PRACTICE

월리엄 온켄 2세와 공동 집필한 《최강 팀장의 조건The One Minute Manager Meets the Monkey》에서는 누군가 리더에게 문제를 가져오는 상황이 벌어졌을 때 문제를 '원숭이'라고 불렀다. 그런 상황이 닥쳤을 때 "저에게 생각할 시간을 주세요. 곧 다시 연락 드릴게요." 라고 말하는 것은 원숭이에게 의자를 권하며 앉으라고 하는 격이다. 대신에 누군가가 당신에게 원숭이를 데려오면 다음의 단계를 따라해라.

하나, 원숭이를 쓰다듬고 보살피며 먹이를 주는 방법에 대해 조언한다.

둘, 대화를 마치면 원숭이가 본래의 소유자였던 팀원과 함께 방을 나가는지 반드시 확인한다.

더 똑똑하게 일한다는 건 단순히 일을 위임하는 것만을 뜻하지 않는다. 이는 구성원이 스스로 문제를 해결하게끔 돕는 것을 의미한다. 만약 구성원이 당신에게 문제를 가지고 올 때, 당신이 주체가 되어 그 문제를 해결하려고 한다면 머지않아 구성원이 골프 코스를 돌거나 집에서 편히 쉴 때조차 그들의 일을 대신하고 있을 것이다. 이것은 더 열심히 일하는 것일 뿐, 더 똑똑하게 일하는 것은 아니다. 적절할 때 일을 맡기는 것을 주저하지 마라. 누구도 사무실이 원숭이로 가득 차는 것을 바라지 않으니 말이다.

단순하지만
확실한 지혜
19

"어느 누구도
'우리'보다
똑똑하지 않다."

_유니스 패리시 - 캐어루 & 돈 캐어루

week 19

전 세계 도처에 있는 수많은 조직에서 리더십이 인생의 전부인 듯 행동하는 리더들을 만나왔다. 그런 이들은 모든 사람들이 자신에게 권한이 있다는 걸 알아봐주길 바란다.

명백한 사실이 있다면 이런 생각을 하는 사람들은 서번트 리더가 아니라는 것이다. 이들은 자신만을 챙기는 리더로서, 실제로 리더인 자신이 인정받은 능력보다 팀원들이 훨씬 더 많은 일을 할 수 있다는 것을 보지 못한다. 그러다 보니 뛰어난 인재들은 재빨리 조직을 떠나 자신을 부하(종속적인 관계의 구성원)가 아닌 파트너로서 인정하는 조직을 찾아나선다.

반면, 서번트 리더는 구성원과 함께 일하고 정보를 공유하며 열린 소통을 하는 것이 곧 리더십이라는 걸 안다. 이렇게 될 때, 구성원들은 서로의 장점을 알게 되고 이를 이용하여 최고의 성과를 달성할 수 있도록 팀을 돕는다. 이들은 결론적으로 '1 더하기 1'이 '2'보다 더 크다는 것을 증명해 보인다.

아는 만큼 실행하기

높은 성과를 내는 팀을 만들고 싶다면 다음의 내용을 수행해보자.

- 구성원은 당신이 모든 것을 알지 못한다는 사실을 이해하고 있다. 이 사실을 직시하라.

- 결정을 내리거나 문제의 해결책을 찾을 때 구성원에게 도움을 요청하라.

- 조직에는 모든 구성원의 기여가 필요하며, 그 기여에 감사하고 있다는 것을 모두가 알게 하라.

이렇듯 리더가 함께하는 리더십 철학을 몸소 보여줄 때, 팀은 함께할 준비를 시작하며 기꺼이 일에 합류할 것이다.

사랑이 답이다.
원래 질문은
무엇이었겠는가?

> 사랑은 참고 기다리며 친절합니다. 사랑은 시기하지 않고 자랑하지 않으며 교만하지 않습니다.
> 사랑은 무례하지 않고 자기 이익을 구하지 않으며, 성을 내지 않고, 앙심을 품지 않습니다.
> 사랑은 불의에 기뻐하지 않고 진실을 두고 기뻐합니다.
> 사랑은 모든 것을 덮어주고 모든 것을 믿으며 모든 것을 바라고 모든 것을 견디어 냅니다. (고린도전서 13장 4~7절)

누구나 살면서 한 번쯤은 결혼식이나 여타 특별한 행사 등에서 사랑에 대한 위의 구절을 들어봤을 것이다. 서번트 리더의 덕목을 설명하는 말 가운데 위의 구절만큼이나 잘 표현한 말은 없다.

그러나 만일 자신만을 챙기는 리더를 상사로 모시고 있는 사람에게 상사를 묘사해달라고 요청한다면, 이러한 덕목과 정반대되는 특징을 듣게 될 것이다. 자신만을 챙기는 리더들을 인내심이 있다거나 친절한 사람이라고 인식하는 경우는 거의 없다. 그들은 더 많은 영향력을 가진 사람들을 부러워하면서 자신의 성취를 떠벌리는 경향이 있다.

　나는 서번트 리더십이 사랑을 실천하는 것이라고 믿는다. 그리고 만일 사랑이 답이라면, 아마도 답 이전의 질문은 "리더는 무엇으로 사람을 이끕니까?"였을 것이다.

아는 만큼 실행하기

COMMON SENSE COMMON PRACTICE

구성원이 당신을 서번트 리더로 생각하는지 알고 싶은가?

1. 이번 챕터 본문 상단에 쓰인 사랑에 대한 구절들을 종이에 적은 다음, 구성원에게 이 가운데 어떤 구절이 리더로서의 당신을 묘사하고 있는지 물어보라. 단, 익명으로 답변을 받아라.

2. 일단 피드백을 받고 나면 팀 전체와 미팅을 잡고 깨달은 점을 공유하라. 그리고 낮은 점수를 받은 부분을 어떻게 하면 개선할 수 있을지 물어보라.

3. 그 다음(이것이 핵심이다.) 당신의 리더십 유형에 변화를 주어 진심으로 개선하려 노력한다는 사실을 보여라.

서번트 리더가
반드시
알아야 할 것

Simple Truths of Leadership

팀원은 명령이 아닌
함께 일하기를 바란다

week 21

구성원에게 명령을 하자마자 곧바로 이를 따르지 않으면 화부터 내는 리더들을 많이 만나왔다. 이러한 리더들은 구성원에게 무엇을 하라고 말하면 맹목적으로 그 말에 복종해야 한다고 믿는다.

실제로 대부분의 사람들은 뭔가 하라는 말을 들었을 때 자신도 모르게 거부감을 느낀다. 사람들은 명령에 따르기보다 의사 결정에 참여하고 싶어 한다. 이것이 바로 서번트 리더십이 하향식 리더십이나 지휘통제식 리더십보다 훨씬 더 나은 리더십이라고 말하는 이유이다. 서번트 리더는 구성원이 팀의 일원이 되고 싶어 한다는 것을 알고, 구성원과 함께 일하는 관계를 형성하여 다같이 일을 완성시켜나간다.

아는 만큼 실행하기

COMMON SENSE COMMON PRACTICE

구성원이 당신의 리더십에 호응하길 바란다면 이렇게 해보자.

- **나**보다 **우리**에 더욱 집중한다.

- 팀원들에게 그들이 왜 중요한지, 그들이 팀의 성공에 어떻게 기여할
  수 있는지 지속적으로 알린다.

- 구성원과 이야기할 때는 언어를 현명하게 사용하라. "해주실 수 있
  을까요?"라는 말은 참여를 요청하는 것으로 들리지만 "나를 위해
  이걸 해요."라는 말은 명령처럼 들린다.

- **"부탁합니다"**와 **"감사합니다"** 같은 말을 쓴다. 이런 말들은 어느 관
  계에서나 항상 환영받는다.

명령과 지위를 이용하여 구성원을 이끄는 것은 효과가 없다. 세
상에 특정한 변화를 만들고 싶다면, 리더의 리더십을 따르길 원하
는 사람들끼리 화합하는 팀을 구성해야 한다.

혼자 일하지 말고
함께 계획을 세워라

week 22

대부분의 조직에서 리더는 당면한 문제를 해결하기 위해 혼자 계획을 세운다. 그러고 나서 가장 먼저 자신의 팀에 그 계획을 실천한다. 그러나 구성원은 애초에 변화를 위한 계획을 세우는 일에 참여하지 않았기에, 조직이 변화하려는 노력을 지지하는 데 어려움을 겪는다. 너무나 많은 리더들이 핵심적인 두뇌는 경영진에게 있고 다른 구성원의 의견은 필요하지 않다고 여긴다.

위대한 리더들은 자신의 능력이 주위에 모인 사람들 만큼만 있다는 것을 안다. 그들은 변화를 시도하는 계획 초기 단계에 사람들을 참여시키는 것이 성공의 관건이라는 점을 알고 있다. 사람들은 조직이 변화하는 데 벌어질 수 있는 일들을 우려한다. 구성원이 계획을 실행하는 단계에서 자신의 역할을 다하고 걱정되는 부분을 말할 수 있으며 아이디어와 피드백을 자유롭게 공유할 수 있을 때, 구성원들이 리더의 계획을 지지하고 그 일을 완료할 수 있도록 도움을 줄 가능성은 훨씬 높아진다.

아는 만큼 실행하기

COMMON SENSE COMMON PRACTICE

다음은 나의 저서인 《더 높은 수준의 리더십 Leading at a Higher Level》에서 발췌한 내용이다. 이는 변화에 대한 사람들의 주요 걱정을 다루고 변화하는 일에 적극적으로 참여시키는 방법을 정리한 것이다.

- **정보에 대한 걱정**: 사람들은 리더가 알고 있는 것을 알고 싶어 한다. 뜬소문과 혼란을 방지하려면 변화에 대한 정보를 공유하라. 그리고 확인된 사실을 지속적으로 주고받으라.

- **개인적인 걱정**: 구성원은 변화가 자신에게 어떤 영향을 미치는지 알고 싶어 한다. 구성원이 자신의 감정을 표현하게 하고, 리더는 구성원이 하는 질문에 답변할 수 있도록 정보를 미리 숙지한다.

- **실행에 대한 걱정**: 구성원은 변화에 직면했을 때 어떻게 성과를 낼 수 있는지 알고 싶어 한다. 전진하기 위한 방법을 모색할 때 구성원을 참여시켜라. 조직의 변화가 성공적으로 이루어지기 위해서는 그들의 적극적인 지지와 참여가 필요하다.

- **영향에 대한 걱정** : 구성원은 조직에 변화를 주는 것이 얼마나 효과적인지 알고 싶어 한다. 구성원을 독려하고 그들이 한 노력이 낳은 긍정적인 영향에 집중하라. 그리고 그들의 성과를 인정하라.

- **개선에 대한 걱정** : 구성원은 시스템과 절차를 지속적으로 개선하기를 바란다. 이러한 리더십 전략을 끊임없이 실천하면서 소통의 장을 열어두라.

서번트 리더는
피드백을 사랑한다

week 23

상사나 어떤 고위층 인사에게 부정적인 피드백을 하고 나서 혼난 적이 있는가? 당신은 아마 "팀장님, 저는 목요일 오후 미팅이 시간 낭비라고 생각합니다."와 같은 말로 솔직한 의견을 제시했을 것이다. 그러면 팀장은 소리를 지르면서 "시간 낭비라니 그게 무슨 의미입니까? 지금 농담합니까? 목요일 미팅은 우리에게 무척 중요합니다!"와 같이 대답한다.

이러한 자기중심적인 리더는 절대로 진실을 마주하는 순간을 바라지 않으며, 피드백을 좋아하지 않는다. 그들에게 부정적인 피드백은 자신이 팀을 이끌어서는 안 된다고 여기는 것을 받아들여야 하는 일이다. 이것은 그들에게 있어 최악의 악몽이다. 자신의 지위가 바로 자기 자신이라고 믿기 때문이다.

반면에 서번트 리더는 피드백을 사랑한다. 그들이 구성원을 이끄는 유일한 이유는 도움을 주기 위해서다. 누군가가 구성원에게 도움을 줄 수 있는 더 나은 방법을 제안하면 곧장 그들의 말을 경청한다. 서번트 리더는 자신의 에고(ego)를 이유로 자존심 타령을 하면서 피드백을 받아들이지 못하는 모습을 용납하지 않는다. 그들은 피드백을 선물로 여긴다.

이처럼 비판 없이 피드백을 주고받는 것은, 최상의 관계와 훌륭한 성과 모두를 이루려 노력하는 서번트 리더의 가장 뛰어난 전략 가운데 하나이다.

아는 만큼 실행하기

진심으로 팀원들이 리더의 리더십 유형을 어떻게 생각하는지 알고 싶다면 다음의 항목들을 함께 이야기해보자.

- 구성원이 피드백을 할 때 절대 방어적이 되지 않을 것이라는 걸 알리고 안심시킨다. 상사에게 피드백을 하는 일은 대부분의 사람들에게 자연스러운 상황이 아니다. 따라서 팀원들에게 진실된 피드백을 받는 일은 어려울 수도 있다. 구성원은 부정적인 피드백을 전하는 메신저가 되는 게 걱정스러운 나머지 솔직해지기를 주저한다. 그러나 그들을 위한 문을 열어둔다면, 더 많은 소중한 진실들을 배우게 될 것이다.

- 구성원이 선물을 주고 있다는 사실을 명심하라. 그렇기에 먼저 "고맙습니다!"라고 말을 꺼내야 하는 것이다. 그러고 나서 "이 피드백은 제게 참 많은 도움이 됩니다. 그 밖에 제가 알아야 할 것이 있을까요?"라고 말하라.

나의 동료인 릭 테이트는 피드백에 대해 이렇게 말했다. 나는 이 말이 피드백을 가장 잘 표현한 말이라고 생각한다. "피드백은 챔피언의 하루를 건강히 시작하게 하는 아침 식사입니다!"

자신을 긍정적으로
생각하는 리더가
좋은 성과를 낸다

week 24

"좋은 성과를 내는 사람들은 자신에게도 좋은 감정을 갖는다."라는 문장을 볼 때 대부분은 "정말이요? '자신에게 좋은 감정을 가진 사람들이 좋은 성과를 낸다.'가 더 맞는 말 아닐까요?"라고 말한다. 물론 그 점도 중요하다. 하지만 나는 사람들을 관찰하고 그들과 이야기를 나누면서, 사람들을 동기부여하고 그들 자신에게 좋은 감정을 갖게 하는 일이 좋은 성과를 낸다는 걸 발견했다. 이것은 명확한 사실이다. 왜 그럴까? 성과는 자기 자신뿐만 아니라, 동료들 또한 실제적으로 관찰할 수 있기 때문이다.

예를 들자면, 일반적으로 돈은 성과에 대한 보상으로 사용될 때만 동기를 부여할 수 있다. 월급이 인상되었을 때 나보다 일을 열심히 하지 않았는데도 똑같이 월급이 인상되거나, 심지어 더 높은 인상을 받은 동료가 있다는 사실을 알게 되었을 때 마냥 기쁘기만 할까? 이 같은 경우의 월급 인상은 동기를 부여하지 못할 뿐 아니라, 돈이 성과와 전혀 무관하다는 것을 알려주며 일하고자 하는 의욕을 꺾어버린다. 별안간 당신이 얼마나 열심히 일했는가는 중요하지 않게 되어버린다.

아는 만큼 실행하기

목표를 달성하지 못하는 일이 잦아지면 지속적으로 자신에게 좋은 감정을 갖기란 어렵다. 그렇기에 서번트 리더는 구성원이 목표를 달성할 수 있도록 도울 수 있는 방법을 모두 동원하여 도움을 주어야 한다.

- 구성원의 목표가 명확하고 관찰과 측정이 가능한지 확인한다.

- 리더로서 구성원과 함께 진행 사항을 추적한다.

- 성과를 잘 낼 때나 기대에 못 미칠 때도 구성원에게 적절한 칭찬과 방향을 재설정해주며 코칭한다. 또는 특정한 과제에 대한 발달단계와 일치하는 리더십을 사용하는지 재점검한다.

자신이 하는 일에 좋은 감정을 갖는 사람들은 언제나 자신이 속한 조직의 성공에 기여할 수 있는 방법을 찾기 마련이다.

"당신의 이야기가 아니다."

_릭 워렌

week 25

팀의 업무를 성공적으로 마쳤을 때, 간혹 어떤 리더들은 자신의 등을 두드리며 모든 공을 차지한다. 이것은 혹시 에고의 문제는 아닐까?

릭 워렌의 《목적이 이끄는 삶The Purpose Driven Life》에 가장 처음 등장하는 문장인 "당신의 이야기가 아니다."라는 글귀를 읽고 나는 작가의 열렬한 팬이 되었다. 효율적인 서번트 리더의 목표는 구성원을 적극적으로 도와주고, 구성원 개개인의 공로가 가치 있다는 사실을 확실하게 알리는 것이다. 이러한 리더들은 리더십이 자신을 위한 것이 아니라, 적극적으로 도움을 주어야 하는 사람들을 위한 것이라는 사실을 깨닫는다.

아는 만큼 실행하기

구성원에게 리더의 목표가 도움을 주는 것에 있으며, 군림하는 게 목적이 아니라는 사실을 행동으로 몸소 보여주고 실천한다.

- 팀이 좋은 성과를 내고 그 공이 리더에게 주어지려고 할 때, 한 발 뒤로 물러서 대부분의 공이 구성원에게 가도록 하라.

- 다른 형태의 칭찬이나 보상으로 팀의 승리를 축하하라. 팀을 위해 기프트 카드를 선물하거나, 구성원 각자가 해낸 일을 발표하는 축하 모임 자리를 갖는 것도 좋은 방법이다.

사람들은 노력을 인정받을 때 자신이 하는 일에 지속적으로 흥미를 갖는다. 끝내는 다른 사람의 인정을 그다지 필요로 하지 않게 될 것이다. 심지어 리더인 당신의 인정까지도. 왜냐하면 프로답게 일하는 자기 자신을 발견하게 될 것이기 때문이다.

팀을 이끌 때 얻을 수 있는 최고의 성과는 철학자 노자의 말에 잘 드러나 있다. "뛰어난 리더가 임무를 완수했을 때 그와 함께 일하는 사람들은 이렇게 말한다. '마침내 우리가 그 일을 해냈어요.'"

위대한 리더는
사람들을 돕는다
(SERVE)

week 26

이기적인 리더들은 수직적인 리더십을 사랑한다. 이러한 리더들은 서번트 리더가 되어 구성원과 함께 일하는 상황을 상상도 할 수 없다. 그저 명령하고 통제하느라 온종일 너무나 바쁘기 때문이다.

저서 《더 시크릿: 위대한 리더들이 알고 하는 일The Secret: What Great Leaders Know and Do》의 중심이 되는 철학은 '위대한 리더는 사람들을 돕는다.'는 것이다. 공동 저자인 마크 밀러는 위대한 리더가 사람들을 돕는 5가지 필수적인 방법을 설명하기 위해 각 단어의 머리글자를 따서 '돕는'이라는 의미의 단어 'SERVE'를 만들었다.

아는 만큼 실행하기

만약 리더로서 누군가에게 도움을 주길 바란다면, 'SERVE' 모델에 있는 다음의 단계를 따르도록 하자.

- See the future(미래를 내다본다.): 강력한 비전의 중요성은 아무리 강조해도 지나치지 않는다. 일단 명확한 비전이 세워지면, 목표와 전략은 비전의 맥락 안에서 발전될 수 있다.

- Engage and develop people(구성원을 참여시키고 개발한다.): 비전과 방향이 정해진 다음, 서번트 리더는 구성원이 목표를 달성하고 비전에 따라 살아갈 수 있도록 구성원을 참여시키고 발전하는 데 초점을 맞춘다.

- Reinvent continuously(지속적으로 혁신을 꾀한다.): 서번트 리더는 지속적인 향상을 갈망하고 이를 몸소 보여주는 평생의 학습자이다. 그들은 조직 구조가 유동적이라고 판단하고 이에 따라 회사, 고객, 직원들에게 최고의 서비스를 제공하기 위해서 조직 구조를 조정할 준비가 되어 있다.

- Value results and relationships(성과와 관계에 가치를 둔다.) : 성과와 관계는 장기적인 비즈니스 생존에 매우 중요하다. 당신의 구성원을 잘 대우하라. 그리하면 그들은 당신의 고객들을 잘 대우할 것이며, 성과는 저절로 따라오게 될 것이다.

- Embody the values(가치를 구현한다.) : 서번트 리더십은 신뢰를 바탕으로 구축된다. 서번트 리더는 구성원의 신뢰를 얻고, 신뢰 관계를 유지하기 위해 자신이 추구하는 가치의 살아 있는 본보기가 되어야 한다.

SERVE의 각 머리글자는 서번트 리더가 어떻게 행동해야 되는지에 대한 지침이다. 이 5가지 전체 영역에서 성공하는 것은 쉽지 않다. 하지만 노력할 가치는 충분하다. 서번트 리더십을 실천하는 일은 곧 사랑을 실천하는 것과 같기 때문이다.

2장

신뢰
형성하기

이번 장에서는 랜디 콘리의 전문 영역이자, 성공적인 조직의 토대인 '신뢰'를 집중하여 다룹니다. 신뢰를 바탕에 둔 리더십은 협업, 혁신, 직원 사기, 건강한 업무 환경을 만드는 결정적 요소입니다.

◆ ◆ ◆

질문을 하나 하겠습니다. 리더로서 성공을 위해 노력하는 과정에서 신뢰가 중요하다고 믿습니까? 만일 그렇다고 생각한다면 손을 들어주세요. 좋습니다. 이제 손을 내려도 됩니다.

저는 왜 여러분이 손을 들었다고 생각하는 걸까요? 왜냐하면 이 질문을 받은 거의 모든 사람들이 손을 들기 때문입니다. 신뢰가 리더십 성공의 결정적인 요소가 아니라고 주장하는 것은 꽤나 어려운 일이니까요.

이제 두 번째 질문을 드리겠습니다. 당신에게는 신뢰를 형성할 수 있는 전략과 계획이 있습니까? 그렇다면 손을 들어주세요.

만일 손을 들지 않았더라도 괜찮습니다. 기분 나빠하지 마세요. 혼자만 그런 건 아니니까요. 제가 이런 질문을 할 때 대부분의 사람들은 손을 들지 않습니다. 왜 그럴까요? 신뢰는 산소와 같습니다. 대부분의 사람들은 원래 누리던 것이 사라질 때 비로소 그것을 떠올리기 시작합니다.

어디서부터 시작해야 할지 파악하기 어려울 수 있습니다. 신뢰는 깊고 넓습니다. 신뢰를 형성해주는 마법 같은 해결책은 없습니다. 신뢰를 형성하려면 시간의 여유를 두면서 포괄적이고 지속적인 접근을 해야 합니다.

이때가 바로 서번트 리더십이 필요한 순간입니다. 서번트 리더십은 신뢰를 형성하는 수단입니다. 서번트 리더는 자신을 따르는 사람들의 마음속에 신뢰를 고취시키는 방식으로 행동합니다. 1970년대에 발간된 에세이 《서번트 리더The Servant as Leader》에서 현대 서번트 리더십 운동의 창시자 저자 로버트 케이프 그린리프Robert K. Greenleaf는 다음과 같이 말했습니다.

"다른 사람들을 도와주고자 하는 자연스러운 감정으로 시작하세요. 먼저 도움을 주려는 마음으로요. 이러한 의식적인 선택은 다른 사람을 보다 잘 이끌고 싶은 열망을 만들 것입니다."

서번트 리더의 두드러진 특징은 자신의 욕구보다 자신이 이끄는 사람들의 필요를 우선시한다는 것입니다. 구성원들의 마음 깊숙한 곳에서 리더가 구성원들을 가장 관심 있게 여기고, 목표를 달성하도록 적극 지원하기 위해 존재한다는 것을 믿게 될 때 리더를 향한 신뢰는 비약적으로 커집니다.

신뢰는 다른 사람과의 상호작용에서 빚어지는 행동의 결과입니다. 신뢰받을 수 있는 방식으로 행동한다면 신뢰는 만들어지게 되어 있습니다. 신뢰할 수 없는 행동을 하면 신뢰는 무너집니다. 이것은 상식(common sense)이지만 일반적인 관행(common practice)은 아닙니다.

그래서 나는 신뢰를 형성할 수 있는 이《켄 블랜차드 리더십 수업》을 집필했습니다. 이 책은 리더십에 있어 신뢰의 역할, 솔직함과 진실 그리고 사람들을 공정하게 대하는 것의 중요성, 신뢰할 수 있는 리더들의 특징, 변화 속에서 신뢰를 형성하는 방법과 무너진 신뢰를 회복하는 방법, 믿기 어려울 정도로 강력한 용서의 힘과 같은 주제와 지혜를 담고 있습니다.

저는 《켄 블랜차드 리더십 수업》이 여러분에게 영감을 주고, 여러분의 구성원이 누려야 할 리더가 될 수 있도록 도움을 주기를 바랍니다. 왜냐하면 모든 사람들에게는 마땅히 그들이 신뢰할 수 있는 리더가 필요하니까요.

— 랜디

신뢰받는
리더십

Simple Truths of Leadership

단순하지만
확실한 지혜
 # 27

리더십은
신뢰로
시작된다

week 27

팀의 구성원은 당신을 신뢰할 만한 리더라고 여기는가? 잘 모르겠다면 그들에게 물어보라. 여기 몇 가지 간단한 질문을 소개한다.

- 당신은 나의 리더십에 확신이 있습니까? 만일 부족하다고 생각한다면 어느 부분을 어떻게 개선하면 좋을까요?

- 나는 언행일치를 하는 리더입니까? 어떤 행동을 보완하면 일관되게 행동하는 리더가 될 수 있을까요?

- 나는 타인의 말을 얼마나 잘 경청합니까? 내가 경청하는 모습에서 상대방의 이야기를 잘 듣고 있다는 확신을 얻습니까? 또한 구성원으로서 가치를 존중받으며 지원받는다는 기분이 듭니까?

- 나를 믿을 수 있습니까? 내가 구성원과 한 약속을 잘 이행하고 있다고 생각합니까?

이처럼 신뢰에 대해 토론할 뿐만 아니라, 리더도 때로는 남들과 같은 연약한 인간이라는 점을 보여주는 것은 직장에 서번트 리더십을 도입하는 매우 효과적인 계기가 된다.

아는 만큼 실행하기

일부 리더들은 신뢰를 형성하는 일에 별 관심이 없다. 그저 성급하게 팀의 전략을 개발하고 목표를 세울 뿐이다. 그러나 신뢰는 성공적이고 건강한 관계의 토대이다. 팀이 리더를 신뢰할 때 모든 일이 가능해진다. 이때 창의성, 혁신, 생산성, 효율성, 사기 또한 왕성해진다. 팀이 리더를 신뢰하지 않는다면 구성원은 일에 강력히 저항하고, 업무에 몰입도가 떨어지면서 무관심해져 궁극적으로 팀은 실패를 맞게 될 것이다.

가장 성공적인 리더는 최우선 과제가 자신의 팀과 신뢰를 형성하는 것이라는 점을 알고 있다. 신뢰를 형성하는 리더들은 리더로서 자신의 역량을 보여주고 진실성 있게 행동하며, 구성원을 돌보고 그들에게 관심이 있다는 걸 보여준다. 그리고 자신이 한 말에 책임을 지고 약속을 이행한다.

신뢰 형성은
배울 수 있는 기술이다

연구를 하면서 많은 사람들이 신뢰에 대해 공통적인 오해를 하고 있다는 사실을 발견했다. 신뢰는 그저 관계를 맺기만 하면 서서히 생길 것이라는 믿음 말이다. 사실 신뢰를 형성하는 일은 기술에 가깝다. 그리고 여느 다른 기술처럼, 우리는 신뢰 형성을 배우고 연습하며 심지어 기대했던 것보다 더 잘 해낼 수 있다. 우리가 선택하는 행동을 기반으로 신뢰가 형성되기도 하고 무너지기도 하기에, 올바른 행동을 선택한다면 다른 사람과의 관계에서 더 많은 신뢰를 누릴 수 있다.

아는 만큼 실행하기

켄 블랜차드와 신시아 옴스테드, 마샤 로렌스가 공동 집필한《신뢰가 답이다Trust Works!》에서는 신뢰를 형성하는 ABCD 모델을 소개한다. 나 또한 리더들에게 신뢰를 형성하는 방법을 가르치기 위해 신뢰 형성 프로그램을 공동 개발해왔다.

다음 ABCD 모델의 4가지 요소를 따라 신뢰를 형성해보자.

- Able(할 수 있는): 역량을 입증하라.
- Believable(믿을 수 있는): 진정성 있게 행동하라.
- Connected(연결된): 다른 사람에게 관심을 주며 돌보라.
- Dependable(신뢰할 수 있는): 약속을 이행하라.

ABCD 행동들을 실천한다면 가정과 직장에서 맺는 모든 관계에서 신뢰가 굳건한 문화가 조성될 것이다.

"자기 신뢰는
성공으로 가는
첫 번째 비결이다."

_랄프 왈도 에머슨

week 29

자기 자신을 믿는다는 건 어떤 의미일까? 바로 리더로서 자신의 임무에 자신감 넘치는 믿음을 갖는 것이다. 나는 자신의 리더십 관점을 명확하게 파악하려 단 한 번도 시간을 할애해본 적 없는 리더들도 있다는 걸 안다.

'무엇이 리더로서 당신의 동기를 부여하는가?'

'당신의 가치는 무엇인가?'

'다른 사람을 이끄는 것에 대한 리더로서의 신념은 무엇인가?'

만약 리더가 이런 질문들에 대답할 수 없다면, 리더의 리더십은 방향을 이탈한 상태일 수도 있다.

명확한 목적을 품지 않은 리더는 바람이 불면 어디로 갈지 모르는 방향키 없는 배와 같다. 그러나 명확한 미션이나 목적이 있다면 리더의 에너지는 특정한 방향으로 흐르게 된다. 이처럼 자기 신뢰는 명확한 리더십 사명이 있을 때 비로소 시작된다.

아는 만큼 실행하기

리더십 관점을 글로 써보면 자신에게 조금 더 진실해지고 자기 인식과 관점을 의도적으로 바꾸는 데 도움이 된다.《더 높은 수준의 리더십Leading at a Higher Level》에서 발췌한 다음의 단계에 따라 리더의 리더십 관점을 계발시킬 수 있다. 단순한 연습 같아 보여도 자신과 자신의 리더십을 더욱 깊이 발견하도록 이끌어줄 것이다.

1. 삶 속에서 리더십에 대한 신념을 형성하게 된 결정적인 사건들과 사람들을 종이에 적어보라.

2. 이런 결정적인 사건들과 사람들로부터 어떤 교훈을 얻었는가?

3. 이런 교훈들을 밑거름 삼아 사람들을 이끌 때, 가장 우선적인 가치들을 3가지에서 5가지 정도 말할 수 있다면 그것은 무엇인가?

4. 그 결과 팀은 향후에 리더의 리더십에서 무엇을 기대할 수 있는가?

5. 앞으로 리더 자신과 구성원에게 기대하는 것은 무엇인가?

6. 리더로서 남기고 싶은 리더십 유산은 무엇인가?

이 중요한 질문들에 답을 찾을 시간을 갖고 천천히 생각해보라. 질문의 답을 다 적었으면 적은 것을 팀과 함께 공유하라.

단순하지만
확실한 지혜
30

리더가 먼저
신뢰한다

위험이 없다면 신뢰도 필요 없다. 우리는 그것을 확실성, 분명한 것, 보장이라고 말한다. 그러나 위험이 존재한다면(돈 또는 누군가를 사랑하거나 믿는 것으로 상처받을 위험 등) 신뢰는 반드시 필요하다. 이런 위험이 있기에 신뢰를 만드려면 필연적으로 누군가 먼저 행동을 시작해야 한다.

신뢰는 우연히 생기지 않는다. 관계가 신뢰로 발전하려면, 상대가 나와 같은 마음으로 화답하기를 소망하면서 신뢰를 형성할 수 있는 선택을 해야 한다. 그래야 신뢰가 형성된다. 어니스트 헤밍웨이는 이것을 짧지만 감동적인 말로 요약했다.

"누군가 자신을 신뢰하게 만드는 방법은 내가 먼저 상대방을 신뢰하는 것이다."

직장에서 리더의 임무는 리더가 먼저 구성원을 신뢰하는 것이다. 리더의 지위 또는 권력 때문에 그저 맹목적으로 리더를 따르는 것은 팀원들이 해야 할 일이 아니다.

아는 만큼 실행하기

누군가를 신뢰하는 것을 주저하는 상황에 직면했다고 가정해보자. 상대방을 신뢰하려면 어떻게 해야 할까?

- 맹목적으로 신뢰하지 마라 : 그것은 어리석은 짓이다.

- ABCD 모델에 따라('단순하지만 확실한 지혜 #28') 상대방의 행동이 어떤지 살펴보며 신뢰도를 진단하라. 그런 다음 자신의 판단에 맞게 신뢰의 폭을 적절히 넓혀라.

자신이 먼저 움직이기 전까지는 누군가를 신뢰할 수 있을지 없을지 알 수 없다. 당신이 의심했던 이들은 자신들이 신뢰할 만한 사람임을 증명할 것이며, 나는 당신이 이러한 상황을 잘 대처할 것이라고 믿어 의심치 않는다.

"팀원은 리더의
장점에 감탄하고
약점에 솔직한 리더를
존경한다."

_콜린 바렛

너무나 많은 리더가 자신의 팀과 관련해 이해하기 어려운 행동들을 한다. 그들은 물리적으로나 감정적으로 팀과 떨어져 거리를 둔다. 커튼 뒤에 숨은 오즈의 마법사처럼, 많은 리더들이 실제로 자신이 완벽하지 않은 사람으로 보일까 봐 두려워한다. 나아가 커튼 뒤에 가려진 자신의 본모습이 들통날까 봐 전전긍긍한다. 이런 두려움은 구성원이 직함 또는 지위에 가려진 리더의 본모습을 알아가는 데 방해가 된다.

사우스웨스트 항공의 명예 대표이자《켄 블랜차드의 러브스토리Lead with LUV》를 켄과 공동 집필한 콜린 바렛은 뛰어난 관점으로 리더십의 취약성에 대해 이같이 말한 적이 있다.

"리더가 약점을 솔직하게 드러낼 때, 구성원은 당신 또한 사람이라는 걸 깨닫게 됩니다. 어쩌면 더욱 중요한 것은, 긍정적인 점과 부정적인 점을 골고루 갖고 있는 한 개인이라는 점을 사랑하게 된다는 것입니다."

리더가 자신의 취약한 부분을 솔직히 보여주고 팀원들이 그것을 관찰하게 될 때, 팀원들도 리더와 똑같이 행동하고 싶은 동기가 생긴다.

아는 만큼 실행하기

구성원에게 리더로서 취약한 부분을 조금 더 솔직하게 공유해보자.

- 자신이 아닌 다른 사람에게 집중하라. 자기중심적인 마음가짐은 세심하게 엄선된 대외적 이미지를 유지하는 방식으로 행동하게 만든다. 따라서 다른 사람들에게 도움을 주고 그들의 필요를 충족시키는 데 집중하라.

- 겸손함으로 팀을 이끌어라. 겸손한 리더들은 구성원과 수직적인 관계가 아닌 수평적인 관계를 유지하며 구성원 앞에서 기꺼이 진솔해진다. 허세도, 가식도 없다. 그저 자신의 본모습만 있을 뿐이다.

신뢰받는
관계

'우리'가 없으면
신뢰도 없다

week 32

전 세계적으로 정치는 양극화됐고 사회적으로도 중립은 거의 사라진 분위기다. 사람들은 극과 극으로 나뉘어 서로를 대적한다. 이러한 극적인 사고방식은 인간관계에서 신뢰를 쌓는 방식을 형성하는 데 영향을 미친다.

　신뢰란 가장 순수한 형태로 존재하며, 상호간의 심리적·정서적 구조로 이루어졌다는 것을 기억해야 한다. 우리는 상대방이 자신만을 위한 이득을 취하지 않을 것이라고 기대한다. 신뢰란 서로에게 기꺼이 약한 모습을 보여주고 위험을 감수하는 두 사람 없이 존재하지 않는다. 우리는 서로에게 신뢰를 요구하지 않아도 기꺼이 상대방을 신뢰한다. 시간이 흐르면서 상대방이 신뢰를 주는 행동을 점차 쌓아나갔기 때문이다. 이런 관계 속에서 지속적으로 신뢰를 키워나갔기에 신뢰는 시간이 흐르는 대로 계속해서 성장한다. 또한 끊임없이 자신의 신뢰도를 강화시키기 위해 서로 도움을 주고 받으며 관계를 이어간다. 이것이 바로 신뢰 속에서의 **우리**이다.

아는 만큼 실행하기

에이브러햄 링컨은 이렇게 말했다.

"나는 그 사람을 좋아하지 않습니다. 그래서 그 사람을 좀 더 알아가야 할 것 같습니다."

인생에서 나와 사이가 나쁘거나 낮은 신뢰도를 가진 누군가를 떠올려보라. 어떻게 하면 그 사람을 더 잘 알게 되고 높은 신뢰도를 형성할 수 있을까? 그 사람에게 아래의 질문을 하는 것을 고려해보라.

- 무엇이 당신을 즐겁게 합니까?

- 당신을 진짜로 화나게 하는 것은 무엇입니까?

- 당신의 영웅은 누구입니까?

- 열심히 일하는 동기는 무엇입니까?

- 당신의 직업에서 가장 좋아하는 것은 무엇입니까?

- 가장 좋아하는 책은 무엇이며 이유는 무엇입니까?

- 만약 몇 시간의 자유 시간이 생긴다면 하고 싶은 일은 무엇입니까?

신뢰의 적은
두려움이다

week 33

많은 리더들이 공포와 협박으로 구성원을 관리하는 모습을 보아왔다. 그러한 부류는 구성원의 실수를 지적하고 비판하며 심지어 윽박지르면 더 나은 성과를 낼 수 있을 거라고 생각한다. 그러나 장기적으로 보면 팀원은 결국 리더와의 소통을 꺼려하거나 실수를 저지르는 게 두려운 나머지, 먼저 나서서 일하지 않게 될 가능성이 매우 높다.

심지어 소리를 지르는 전형적인 상사가 아니더라도, 자신도 모르게 팀에 공포의 그림자를 드리울 수 있다. 직위 하나만으로도 구성원의 마음속에 불안감은 충분히 조성되고도 남는다. 의도적으로 정보를 공유하지 않거나 이성을 잃고 화를 내는 등의 공포를 조장하는 행동을 동시에 한다면, 구성원을 소심하고 두려움 많은 사람으로 만들게 될 것이다.

두려움은 신뢰의 적이다. 관계에 두려움이 남아있다면 신뢰가 존재하기란 사실상 불가능하다.

아는 만큼 실행하기

리더가 다음의 단계를 따른다면 구성원과의 관계에서 신뢰를 얻고 조직 내의 두려움을 줄일 수 있다. 또는 두려움이 사라진 이상적인 조직이 된다.

- 행동에 일관성을 갖춰라. 주어진 상황 속에서 리더가 어떻게 반응할지 합리적으로 예측할 수 있다면, 팀원들도 위험을 감수하는 것을 두려워하지 않게 된다.

- 실수를 배우는 기회로 여겨라. 신뢰도가 높은 문화는 직원들에게 '크고 대담하며 도전적인 목표(BHAGs: big, hairy, audacious goals)'를 세우는 데 자신감을 심어주고, 목표를 이루지 못했을 때는 실패를 경험하는 것을 기꺼이 감수하게 한다. 팀원이 실수를 했을 때 불이익을 주기보다 다음에 더 잘할 수 있는 방법을 코칭하는 기회로 만들라.

- 친절한 사람이 되어라. "부탁합니다", "감사합니다", "천만에요"라는 말을 상황에 맞게 사용하라. 작은 친절은 신뢰를 형성하는 데 큰 도

움이 된다. 친절과 격려를 위해 노력하는 일은 진정으로 팀원에게
관심을 갖고 있다는 걸 보여준다.

신뢰 없는 관계는
그저 게임만 하는
스마트폰과 같다

week 34

수많은 리더들이 인간관계를 게임처럼 다룬다. 이들은 자신의 목표 달성을 위해 구성원을 회사 정치라는 체스판의 말로 여기면서 뒤에서 사람들을 조종한다.

신뢰받는 리더가 되려면 반드시 진정성을 갖춰야 한다. 구성원은 이처럼 진정성 있는 리더를 따르기를 갈망한다. 구성원이 진정성 있는 리더를 만나게 되면 에너지의 100퍼센트를 리더에게 쓰고 그에게 완전히 몰입한다. 진정성 있는 사람은 진실하다. 그들은 결코 가식적이지 않으며, 구성원은 다른 사람에게 자신의 리더를 소개할 때 적극적으로 묘사할 수 있다. 신뢰받는 리더의 행동은 어떤 상황에서도 합리적으로 예측 가능하며 높은 수준의 신뢰와 안정감을 준다.

아는 만큼 실행하기

COMMON SENSE COMMON PRACTICE

진정성 있는 리더가 되는 것은 어렵지 않다. 리더가 해야 할 일은 그저 자기 자신이 되는 것이다. 진정성 있는 리더는 겸손하고 자신이 모르는 부분을 인정한다. 말과 행동이 일치하고 실수에 책임을 지며, 자신이 하기로 약속한 것은 반드시 실행한다. 만약 당신이 'REAL'하게 된다면 더욱 진정성 있는 리더가 될 것이다.

- Reveal : 자신의 정보를 **공개하라.** 팀이 당신을 그저 상사가 아닌 남들과 다르지 않은 한 사람으로 알아가게 한다.

- Engage : 팀원 개개인과 긍정적인 관계를 **형성하라.** 구성원은 리더가 자신을 그저 업무를 하기 위해 모인 사람 중 하나로 여기기보다, 개인적으로 다가와주기를 바란다.

- Acknowledge : 팀원의 공로를 **인정하라.** 사람들은 자신이 낸 좋은 성과에 칭찬과 인정을 갈망한다. 구성원에게 칭찬과 인정을 아끼지 마라!

- Listen : 배우기 위해 **경청하라**. 사람들과 소통할 때 말하기보다 더 많이 들어라. 의사결정을 할 때는 구성원의 피드백과 아이디어를 반영하는 방법을 모색하라.

팀원에게
관심 없는 리더는
팀원에게
관심받지 못한다

일부 리더들은 조직에서 높이 올라가면 갈수록 자신이 가장 똑똑한 사람이 되어야 한다고 생각한다. 그들은 자신의 뛰어난 능력을 보여주면 사람들의 존경과 신뢰를 얻을 수 있다고 믿는다.

그러나 리더로서 당신이 얼마만큼 지적이고 카리스마가 넘치느냐는 중요하지 않다. 다만 구성원이 가장 관심 있어 하는 일을 마음에 두지 않고, 진심어린 마음으로 구성원을 신경쓰지 않는다면 구성원은 당신을 신뢰하지 않을 것이다. 또한 충성심을 보이지 않을 뿐더러 최선을 다해 노력하지도 않을 것이다. 이와 다르게 다른 사람들을 배려하고 관심을 보인다면 어떤 방법보다 쉽고 빠르게 신뢰를 형성할 수 있을 것이다.

아는 만큼 실행하기

COMMON SENSE COMMON PRACTICE

구성원과 신뢰를 형성하고 싶다면 관계를 구축하는 것부터 시작하자. 친밀한 관계를 형성하는 일이 어려운 일은 아니더라도, 의도적으로 노력하는 자세는 필요하다. 아래에 친밀한 관계를 시작할 수 있는 쉽고 실용적인 방법들을 소개한다.

- 구성원의 이름을 기억하고 자주 부른다.

- 리더 자신에 대한 이야기가 아닌 구성원에 대한 이야기로 대화를 시작한다.

- 업무 외적으로 구성원들이 살아가는 인생을 배운다.

- 리더의 정보를 자연스럽게 공유한다.

- 서로의 공통적인 관심사를 찾는다.

"팀원은 리더가
무슨 말을 했는지 잊어버린다.
그러나 어떤 감정을 느끼게
했는지는 절대 잊지 않는다."

_마야 엔젤루

week 36

리더십은 마음의 문제다. 리더로서 올바른 말과 행동을 하는 것은 매우 중요하다. 그러나 만일 리더가 진심으로 구성원에게 관심이 있다는 걸 아무도 믿지 않는다면, 리더는 끝끝내 구성원의 신뢰를 얻지 못할 것이다. 구성원이 리더를 어떻게 느끼느냐는 리더가 구성원에게 어떤 영향을 끼치는지 보여주는 진솔한 척도가 된다.

당신은 리더로서 구성원에게 관심을 두고 있는가? 그들을 존중하고 배려심 있게 대하는가? 구성원의 저녁 식사 시간 대화 주제가 곧 당신이라는 걸 명심하라. 오늘 저녁 당신은 어떤 사람으로 불릴까?

아는 만큼 실행하기

COMMON SENSE COMMON PRACTICE

리더 스스로 행동으로 보여주고 말하는 게임을 정기적으로 한다. 이는 초등학생 때 하던 익숙한 게임은 아닐 것이다.

- 친근한 동료애와 친절한 행동으로 진심으로 팀에 관심이 있다는 걸 알게 하라. 리더의 신념을 행동으로 옮김으로써 얼마만큼 팀에 관심이 있는지 보여줘라.

- 구성원이 잘하는 일을 포착해 칭찬하는 것만으로도, 리더가 구성원의 일에 얼마나 감사해하고 소중히 생각하는지 알려줄 수 있다. "잘하고 있다."는 말은 아무리 들어도 질리지 않는다.

리더로서 진실성 있고 배려하는 분위기를 말과 행동으로 만들어 나갈 때, 구성원은 리더가 느끼게 해준 방식으로 리더를 기억할 것이다. 나는 분명히 그럴 것이라고 확신한다.

신뢰받는
리더의
특징

Simple Truths of Leadership

단순하지만
확실한 지혜
 # 37

"언제나 말보다
행동이 중요하다."

_격언

경험에 비춰봤을 때 많은 리더들이 그럴듯한 선언은 잘하지만, 막상 자신들이 한 대담한 선언을 지키지 못하는 일 또한 비일비재하다. 무엇을 할 것인지 말로 하는 건 쉽다. 그러나 선언한 말을 실행하는 건 어려운 일이다. 다른 사람과의 신뢰는 말을 실행으로 옮긴 다음에서야 만들어진다. 헨리 포드는 이렇게 말했다.

"무슨 일을 할 것인지 말하는 것만으로는 명성을 쌓을 수 없습니다."

헨리 포드는 신뢰받는 리더들의 특징을 알았다. 말보다 행동이 더욱 중요하다는 사실을 말이다.

언행일치는 진실성의 본질이다. 진실성(integrity)이라는 단어는 라틴어 integritas와 integer 가운데 유래했다. 이 단어는 단편적이지 않은, 온전하고 완전한 문제의 핵심을 암시한다. 자신의 행동이 자신의 말과 일치할 때, 스스로 온전해지고 완전해지며 진실성 있게 행동하는 사람이 된다.

사람들은 당신이 얼마나 진실하다고 말하는가? 이때 혹시 팀원들에게 이렇게 말하지 않았는가?

"내가 하는 대로 하지 말고 내가 말하는 대로 하라(Do as I say,

not as I do)."

그렇다면 당신은 구성원과의 신뢰를 무너뜨리고 있다.

아는 만큼 실행하기

켄 블랜차드와 노먼 빈센트 필이 공동 집필한《윤리 경영의 힘The Power of Ethical Management》에서는 윤리적인 리더들의 특징을 5가지 'P'로 소개했다. 아래에 이 5가지 'P'로 자신을 진단해보자. 이 가운데 당신의 강점은 무엇인가? 개선해야 될 점은 무엇인가?

- Purpose(목적): 목적에 따라 움직이고 목적을 행동의 지침으로 사용하라.

- Pride(자부심): 건강한 자부심을 보여줘라. 왜곡된 자만심에서 기인한 거짓된 자부심과는 달리, 건강한 자부심은 긍정적인 자아상과 자신의 능력에 대한 자신감에서 우러나온다.

- Patience(인내): 당신의 가치와 원칙을 고수하고 그럴수록 모든 것이 다 잘될 거라는 믿음을 갖는다.

- Persistence(지속성): 힘들어도 끝까지 완주하고 목적과 가치에 충실히 임한다.

- **Perspective**(관점): 전체적인 큰 그림을 염두하고 무엇이 진정으로 중요한 것인지 파악한다.

언제나
진실을 말하라

진실을 말하지 않는 것을 합리화하는 리더들은 가끔씩 자신이 늪에 빠지고 있다는 걸 발견한다. 그들은 전부를 이야기하지도 않으면서, 자신이 솔직한 사람이라며 스스로를 설득하고 진실을 포장할 방법을 모색한다. 그러나 진실을 절반만 말한다는 건 나머지 절반은 거짓말을 하고 있다는 뜻이다.

리더가 구성원과 의사소통할 때 상대방을 투명하게 대하지 않고, 자신에게 유리한 방향으로 진실을 왜곡할 때 신뢰는 무너진다. 사실상 진실을 왜곡하는 것은 조작이나 다름없다. 어쩌면 이는 사회적으로 비난받는 다른 명백한 거짓말보다는 더욱 관대하게 받아들여질 수 있다. 그럼에도 이러한 행위는 확실한 조작이다.

그러니 회사에 있으면서 진실을 왜곡하려 빙빙 말 돌리지 말고, 차라리 그 시간에 헬스장에 가서 자전거 바퀴나 빙빙 돌리고 오기를 바란다.

아는 만큼 실행하기

진실을 왜곡하지 않으면서 구성원과 신뢰를 형성하는 방법은 다음과 같다.

- 솔직하지 못한 행동에 유혹받았던 상황을 떠올려보라. 실수는 했지만 막상 인정하기 부끄러웠던 순간이 생각날 것이다. 또는 팀의 실수 때문에 리더로서 무능력한 사람으로 보이고 싶지 않았을 수도 있다.

- 때때로 솔직하지 못했던 행동의 근본을 들여다 보고, 당신의 자아와 자만심이 드러났던 상황을 떠올려보라. 자신의 진실성을 파괴하는 자아와 자만심을 없애기 위해서 할 수 있는 모든 일을 실천하라.

신뢰성의 핵심은 진실성이다. 솔직하지 않으면 진실성을 갖출 수 없다. 서번트 리더는 언제나 진실을 말한다. 이것은 정말 단순한 일이다.

단순하지만
확실한 지혜

#39

지킬 수 없는 약속은
절대 하지 마라

week 39

오늘날 약속이라는 단어는 본래의 가치를 잃었다. 리더들은 자신의 책무를 다하겠다는 의지의 표현으로 이 단어를 사용하지만, 늘 약속을 지키겠다는 분명한 계획을 가지고 말하는 것은 아니다.

그러나 약속을 깨뜨리는 것은 심각한 신뢰 위반이다. 리더가 공허한 약속을 하는 것 만큼이나 사람들의 신뢰를 무너뜨리는 일도 없다. 왜 그럴까? 우리가 어린아이였을 때 어머니나 아버지가 약속을 지키지 않았던 일을 떠올려보라. 그때 느꼈던 실망감을 기억하는가?

약속은 기대를 낳는다. 기대가 충족되지 않을 때, 신뢰는 깨진다. 그러니 약속이라는 단어를 사용할 때는 주의해서 사용해야 한다. 오로지 약속을 지킬 수 있는 분명한 계획이 있을 때에만 이 단어를 사용해라.

아는 만큼 실행하기

가능한 지킬 수 있는 범위 안에서 합리적인 약속을 하고 이를 지키는 팁을 소개한다.

- 약속을 지키기 위해 필요한 자원(시간, 돈, 도구, 사람들 등)이 충족되어 있는지 확인하라.

- 약속이 자신의 핵심 가치와 어떻게 연결되어 있는지 정확히 파악하고, 이를 지속적으로 실행할 수 있는 동기를 만들어라.

- 약속을 이행하지 못할 경우, 관계에 미칠 위험을 파악하라.

- 약속을 잊지 않도록 해야 할 일 목록이나 스케줄러에 기록한다.

"똑같지 않은 것을 똑같이 대하는 것은 공평하지 않다."

_ 익명

다른 사람과 직장에서 신뢰를 형성하는 것에 대한 이야기를 나누다 보면, 당연하게 공정성이 대화의 주제가 된다. 예를 들어 누군가 "저는 공정합니다. 왜냐하면 모든 사람들을 ○○○대하기 때문이죠."라고 말했다고 가정해보자. 옆에 있는 사람들에게 빈칸을 채워보라고 하면 대부분이 '똑같이'라고 대답한다.

사실 리더가 할 수 있는 가장 불공평한 일 가운데 한 가지는 모든 사람을 똑같이 대우하는 것이다. 실제로 대부분의 리더는 모든 사람을 똑같이 대우한다. 이 방식이 편리하기 때문이다. 이러한 방법은 구성원의 저항을 최소화한다. 리더는 자신의 편애로 비난받을까 두려워하지 않아도 된다. 그러나 이는 책임을 회피하는 리더십이다.

신뢰도가 높은 리더들은 각 개인의 상황을 고려하여 사람들을 공정하고 윤리적으로 대우해야 할 필요성이 있다는 걸 이해한다. 이처럼 리더십을 사용할 때는 언제나 상황에 맞는 리더십을 적용해야 한다. 물론 특정 규칙, 정책, 법률은 모든 사람이 똑같은 대우를 받도록 개인의 행동 양식을 강제한다. 그러나 개개인을 이끄는 문제에 있어서는 개개인의 상황에 따라 대우할 필요가 있다.

아는 만큼 실행하기

어떻게 하면 공정하게 대우하면서 구성원과 신뢰를 형성할 수 있을까? 이를 실현할 수 있는 몇 가지 방법을 제안한다.

- 투명한 리더가 되어라. 정보를 자유롭게 자주 공유하라.

- 의사 결정을 할 때 구성원의 참여도를 높여라. 의사 결정에 참여한 사람들은 결정사항을 실행할 때 더 높은 주인 의식을 갖는다.

- 규칙을 준수하라. 리더를 포함한 모든 사람이 규칙을 준수하는 데 책임을 다하도록 하라.

- 편애하지 마라. 편애받는 사람을 좋아하는 사람은 아무도 없다. 그러니 아예 편애하는 사람을 만들지 마라.

신뢰는
시대 불변한 트렌드다

week 41

켄 블랜차드는 현대 리더십 개발 운동의 선구자로서 수년간 많은 리더십이 유행했다가 사라지는 것을 지켜봤다. 그러한 와중에 우리는 유행에 결코 뒤떨어지지 않고, 변함없는 한 가지를 발견했다. 그것은 바로 신뢰이다.

위대한 리더들은 일관된 행동이 신뢰를 형성한다는 사실을 안다. 상황이 불편해지거나 인기가 없어질지라도 옳다고 생각하는 일에 집중한다. 그들은 옳지 않은 일을 해야 하는 적절한 시기란 결코 존재하지 않는다는 걸 안다. 최근에 가장 떠오르고 있는 트렌드인 '#리더십유행(#leadershipfad)'에 편승하고 싶다면 변함없이 유행하는 한 가지 즉, 신뢰를 일관되게 유지하도록 노력해라.

아는 만큼 실행하기

가치관은 우리의 결정을 주도한다. 서번트 리더는 신뢰를 형성하는 사람이다. 그들은 자신의 행동에 동기를 부여하고 자신의 여정을 이끄는 가치가 무엇인지 명확히 한다. 서번트 리더의 가치관을 배우고 싶다면 아래의 방법을 따라 가치 목록을 만들어 보자. 그 다음 자신이 가장 소중히 여기는 가치를 선택하여 목록을 정리해보자.

1. 자신이 생각하는 의미 있는 자질을 되도록 길게 목록으로 작성하라. (예: 공정함, 지혜, 관대함, 용기, 창의성, 정직, 신뢰 등)

2. 목록에 적은 가치 가운데 가장 중요한 10가지 가치를 선택하라.

3. 10가지 가치가 추려졌으면 다시 가장 중요하게 생각하는 가치를 3개에서 5가지로 정리하라.

4. 앞 단계에서 고른 가치를 가장 중요하게 여기는 순으로 순위를 매겨라.

5. 각각의 가치에 다음의 완성형 문장을 작성하라. "나는 내가 ○○○ 할 때마다 ○○○한 가치에 따라 살아간다." 다시 말해, 각 단어에 내포된 가치를 스스로 정의하라.

이 훈련은 서둘러 하지 않아도 된다. 자기 성찰과 침묵, 생각하는 시간이 필요한 훈련이기 때문이다. 그러나 이윽고 이 일을 끝마치게 되면 자기 자신과 자신의 의도, 동기를 부여하는 것의 의미를 전보다 더 잘 이해하게 될 것이다. 이러한 명확성은 자기 신뢰로 이어지고 주변 사람들과 신뢰 관계를 구축하는 데 도움이 되어줄 것이다.

단순하지만
확실한 지혜
#42

진정한 리더는
자신의 실수를
인정한다

week 42

리더라면 모름지기 모든 답을 알고 있어야 한다고 여기는 것은 사람들이 자주 저지르는 일반적인 오류다. 이 때문에 너무나 많은 리더들이 실수를 인정하는 것을 두려워한다. 실수를 인정하는 것은 실패를 인정하는 것이며, 팀 앞에서 자신이 나약하게 비춰질 것이라고 우려하게 만든다. 그러나 실제로 리더가 실수를 인정하면 팀 내에 신뢰가 형성된다. 이것은 신뢰를 형성하는 강력한 방법 가운데 하나다. 리더가 자신의 과오를 인정할 때, 팀원들은 그를 진실하고 정직하며 진정성 있는 리더로 바라보기 시작한다. 나아가 팀의 발전을 위해 자신의 자아까지도 버릴 수 있는 진정한 의미의 리더를 보게 된다.

그러니 실수를 인정하라. 리더로서 자신이 한 일을 인정하고 필요하다면 사과하라. 그러고 나서 그 실수를 반복하지 않도록 계획을 세워라. 그렇게 한다면 팀과의 신뢰는 한층 더 강력해질 것이다.

아는 만큼 실행하기

리더가 자신의 실수를 인정하는 순간, 팀원들은 이를 소중한 배움의 기회로 삼는다. 리더에게는 서번트 리더십을 실천하고 서번트 리더십이 무엇인지 몸소 보여줄 수 있는 기회를 만들어준다.

- 곧장 움직여라. 가능한 빨리 실수를 해결하라. 머뭇거리는 행동은 무엇인가를 회피하거나 문제를 감추려는 것처럼 보이게 한다.

- 책임을 져라. 자신의 행동과 그로 인해 발생한 피해를 인정하라.

- 배운 것을 짚어 보라. 이 일로 당신이 무엇을 배웠는지, 다음에는 어떻게 달리 대처할 것인지 팀에 알려라.

- 짧게 말하라. 과도하게 사과하거나 너무 자책하지 마라. 실수는 언제 어디서나 일어나기 마련이다.

한 개의 입과
두 개의 귀는
말하기보다
들어야 한다는 뜻이다

week 43

사람들에게 위대한 리더의 특징을 묘사해달라고 요청하면 보통 첫 번째로 언급되는 부류는 경청하는 사람이다. 사람들은 자신의 생각을 듣는 사람들이 잘 경청하고 있다는 걸 확인하고 싶어하며, 심지어 변화를 만들어낼 수도 있다는 것마저 느끼고 싶어 한다.

다른 사람의 말을 경청하는 사람과 그렇지 않은 사람의 차이는 무엇일까? 경청하는 사람들은 상대방과 상대방의 말에 집중한다. 만약 누군가가 "참 아름다운 날입니다!"라고 말하면 경청하는 사람은 "정말 그러네요! 오늘 날씨에서 어떤 부분이 가장 마음에 드시나요?"와 같은 반응을 보인다. 반면 경청하지 않는 사람들은 자기 자신에게 집중한다. 그런 이들의 반응은 "이게 아름다운 날씨라고요? 제가 지난 주에 갔던 곳을 보셔야 하는데."라며 자기중심적인 방향으로 이야기를 이끌어나간다.

경청하지 않는 사람들은 모든 주제를 자신과 연관시킨다. 반면 경청하는 사람은 상대방의 기분을 좋게 만든다. 이들은 자신과 상대방이 무슨 생각을 하는지, 어떻게 느끼는지에 관심을 둔다. 이처럼 구성원이 자신의 리더가 경청을 잘하는 사람이라고 믿는 순간, 그들은 가장 좋은 아이디어를 리더와 공유하게 될 것이다.

아는 만큼 실행하기

경청하는 능력을 향상시키고 싶다면 다음의 기술을 연습해보자.

- 말을 끊지 마라. 이것은 상대방에게 매우 무례하고 실례가 되는 행동이다. 또한 상대방의 말보다 자신의 말이 더 중요한 사람처럼 보이게 한다.

- 확실하게 이해하라. 때때로 상대방의 말을 다른 말로 바꾸어 표현하거나 되풀이하면서 들은 내용을 이해했는지 확인하라.

- 상대방이 말하지 않은 말도 같이 들어라. 그러기 위해 더욱 귀를 기울여라. 무엇이 진정한 문제의 핵심인지 탐색하기 위한 열린 질문을 하라.

- 대화하는 그 순간에 머물러라. 다른 생각을 하려는 충동을 참아라. 메모하고 적극적으로 들으며 대화에 몰입하라.

신뢰와
통제

Simple Truths of Leadership

리더십의 요점은
리더가 없을 때 어떤 일이
벌어지는 가이다

통제를 많이 하는 리더는 구성원에게 일을 맡기는 것을 꺼려한다. 그들은 자신이 자리에 없을 때 구성원이 업무를 잘못 처리하여 행여나 불이익을 받게 될까 봐 노심초사한다.

서번트 리더는 구성원에게 권한을 부여하고 성장시켜서 리더가 자리에 없을 때도 좋은 성과를 내도록 한다. 만일 아직 팀원 혼자서 성과를 내기 힘들다면 리더가 함께 일하며 도움을 준다.

전형적인 예로 비대면 업무 환경을 들 수 있다. 물리적으로 구성원과 함께 일하는 것은 그들의 업무 행태를 관찰하기에 편리하다. 그러나 너무나도 많은 사람들이 원격으로 일하는 오늘 같은 세상에서 매번 그렇게 하는 것은 불가능하다. 신뢰받는 서번트 리더라는 진짜 증거는 구성원이 스스로 어떻게 업무를 수행하느냐는 것이다. 구성원은 리더가 자신을 얼마나 신뢰하는지 알고 있다. 또한 리더가 보여준 믿음만큼 화답할 수 있기를 바란다.

아는 만큼 실행하기

구성원의 업무 능력을 신뢰한다는 것은 맹목적인 신뢰만을 뜻하지 않는다. 팀장은 구성원의 역량과 의욕에 근거하여 그들의 업무 또는 목표를 결정한다. 업무와 목표가 정해졌다면, 이제 구성원에게 권한을 줄 차례다. 이에 구성원에게 권한을 부여하는 몇 가지 방법을 소개한다.

- 팀원이 목표를 달성할 수 있는 필요한 지시를 하고 지원을 아끼지 마라.

- 팀원이 도움이 필요한 순간에 언제나 필요한 도움을 줄 거라고 말하라.

- 이제 한발 물러서서 팀원들이 눈부시게 발전하는 모습을 지켜보라!

신뢰의 반대말은
불신이 아닌 통제다

week 45

수많은 리더들이 다른 사람과 상황을 통제하는 행위를 지속하기 위해 애쓴다. 그들은 무언가 자신에게 해가 되어 돌아올 것 같은 두려움에 많은 부분에서 통제력을 잃지 않으려고 한다. 그들은 통제를 포기하는 위험을 감수하는 건 인생에서 가장 가치 없는 일이라고 생각한다.

그들에게 통제를 포기하는 건 위험으로 가는 문을 열어제끼는 것과 다름없기에, 이러한 리더들은 피해를 받는 일에 더욱 취약해진다. 결론적으로 그들은 신뢰하지 않고 자신의 안전만을 지킨다. 또한 구성원과 자신의 주변에서 일어나는 상황들을 끊임없이 통제한다. 이런 행위들은 결국 불확실한 조직문화를 초래한다.

그러나 통제를 직접적이고 완전한 권력으로 인식할수록 사실상 자신이 그렇게 많은 통제력을 가지고 있지 않다는 걸 금방 깨닫게 된다. 사람들과 상황에 영향을 줄 수는 있어도 매번 완벽히 통제하는 건 어려운 일이다. 유일하게 인정할 수 있는 통제력은 스스로에게 행하는 통제력이다. 이는 우리의 행동, 태도, 가치, 감정, 의견 등 모든 부분에 해당한다.

사람들은 신뢰의 반대말이 잘못된 믿음 또는 불신이라고 생각한다. 아니다. 신뢰의 반대말은 통제다. 당신은 리더로서 통제를 포기하고 다른 사람들을 신뢰할 의향이 있는가?

아는 만큼 실행하기

COMMON SENSE COMMON PRACTICE

팀원들을 통제하는 일을 멈추고 싶지만, 막상 다른 사람들을 신뢰하기가 어렵다면 아래의 초기 단계부터 천천히 시작해보자.

1. 신뢰를 주기에 비교적 위험도가 낮은 상황을 파악하라.

2. 과제를 처리하는 팀원의 역량, 올바른 일을 하려는 진실성, 끝까지 완수하려는 의지를 측정하여 팀원의 신뢰성을 진단하라.

3. 통제를 포기하면 더욱 편안해지고 다른 사람들을 신뢰할 수 있게 된다는 걸 명심하라. 여건이 허락하는 대로 구성원에게 더 많은 신뢰를 주도록 하라.

단순하지만
확실한 지혜
46

사람들은 변화가 아닌
통제에 저항한다

week 46

변화에 대한 가장 근거 없는 믿음 가운데 하나는 사람은 누구나 변화에 저항한다는 것이다. 하지만 대부분의 사람들은 변화 그 자체만으로 저항하는 것이 아니다. 변화를 강요받는 것을 거부할 뿐이다. 이는 사실상 통제에 저항하는 것이라고 할 수 있다.

변화를 위한 전략을 세우는 데 있어서 사람들을 참여시키는 것이 항상 실용적이지는 않다. 그러나 구성원에게 변화가 필요한 이유와 이를 효과적으로 이행할 때 예상되는 이점을 알리는 일은 무엇보다 중요하다. 리더가 구성원에게 아이디어와 의견을 요청하고 서로 정보를 공유하며 변화되는 과정 속에서 구성원을 더 많이 참여시키면 시킬수록, 구성원은 통제를 덜 받는다고 느낀다. 또한 변화하려는 리더의 노력에도 더 열린 마음을 갖는다.

아는 만큼 실행하기

리더의 임무 가운데 하나는 변화를 시도하는 것이다. 모든 생물이 성장하고 변화하는 것처럼, 조직 또한 유기체와 같이 살아 숨쉬고 끊임없이 변화를 추구한다. 리더가 시도할 수 있는 도전은 구성원이 변화를 수용하고 변화가 주는 새로운 기회를 받아들일 수 있도록 돕는 것이다. 이때 고려해야 할 몇 가지 사항이 있다.

- 팀원에게 변화를 선택할 투표권이 없다면 최소한 첨언할 수 있는 발언권이라도 주어라.

- 팀원에게 변화에 대해 어떻게 생각하는지 피드백을 요청하고 우려되는 지점이 있는지 묻는다. 적극적으로 질문할수록 좋다.

- 변화가 팀원들에게 미칠 영향을 고려하여 최대한 걱정을 덜어주고 모두에게 특별히 주의를 기울인다.

- 구성원을 변화에 참여시켜 구성원이 통제할 수 있는 지점은 무엇인지, 변화에 잘 적응할 수 있는 방법은 무엇인지 다같이 모여 파악한다.

정확한 정보가
책임감 있는
행동을 낳는다

week 47

'단순하지만 확실한 지혜 #47'은 켄 블랜차드와 존 카를로스, 앨런 랜돌프가 공동 집필한 책《권한을 부여하는 시간, 1분Empowerment Takes More Than a Minute》에서 발췌한 것이다. 나는 이 책에서 "정확한 정보가 없는 사람들은 책임감 있게 행동할 수 없다. 정확한 정보를 가진 사람만이 책임감 있게 행동한다."라는 문장을 좋아한다. 이 인용문은 신뢰가 얼마나 중요한 것인지 분명히 말해준다.

다른 사람들을 신뢰하지 않는 리더들은 정보를 공유하지 않는다. 그들은 모든 정보를 안전하게 걸어 잠근다. 정보가 없으면 사람들은 사실을 더 부정적으로 해석하고 멋대로 지어낼 수 있다. 이처럼 구성원에게 정확한 정보를 주지 않는 행위는 그들이 최선의 노력을 다하지 못하도록 수갑을 채우는 것과 같다.

서번트 리더는 구성원을 신뢰하고, 자신과 조직에 대한 정보를 공개적으로 공유하는 게 옳다는 걸 안다. 정확한 정보를 가지고 있을 때 사람들은 조직을 위한 최선의 결정을 내릴 수 있다.

아는 만큼 실행하기

위대한 리더들은 효과적인 리더십의 기초가 신뢰하는 것임을 알고 있다. 신뢰의 핵심은 구성원과 정보를 공유하는 것이다. 이를 수행하는 몇 가지 방법을 제안한다.

- 정보에 접근하는 것을 허락하여 책임감 있는 문화를 조성하라. 만약 어떤 특정한 세부사항에 국한하여 자유롭게 정보를 공유하지 못한다면 사실대로 말하라. 구성원은 이를 이해할 것이다.

- 확실하고 쉽게 이해할 수 있는 방식으로 말하라. 복잡한 데이터는 간단한 용어로 제시하라. 이를 하찮은 일로 여기지 마라. 그리고 구성원과의 대화에 집중하라.

- 정직하라. 구성원은 진실을 감당할 수 있는 어른이다. 힘든 소식을 전할 때는 적절한 공감력을 쏟도록 하라.

무너진 신뢰 회복하기

신뢰를 쌓는 것은
지속적인 과정이자
하나의 여정이다

week 48

리더들에게 신뢰 형성을 위한 교육을 진행할 때가 있다. 그때 나는 "저는 신뢰를 형성하는 방법을 배울 필요가 없습니다. 사람들은 이미 저를 신뢰하니까요."라는 말을 듣곤 한다. 이런 리더들은 신뢰를 최종 목적지 즉, 달성해야 하는 무언가라고 생각한다. 그래서 일단 신뢰를 얻기만 하면 신뢰를 유지하기 위해 적극적으로 노력해야 할 필요성을 느끼지 못한다.

사실 신뢰를 형성하고 유지하는 일은 신뢰를 보여주기 위한 지속적인 과정이자 하나의 여정이다. 우리의 삶도 여느 여행처럼 순조롭고 수월한 여행을 하는 날이 있고 때로는 험하고 울퉁불퉁한 도로를 만나게 되는 날도 있다. 이처럼 우리는 필연적으로 신뢰를 무너뜨리는 어떤 행위를 하게 될 것이다. 그런 일이 벌어졌을 때를 대비하여 신뢰를 회복할 수 있는 단계별 과정을 숙지한다면 훗날 도움을 받을 수 있다. 일반적으로 무너진 신뢰는 양쪽 당사자들이 노력만 한다면 얼마든지 회복될 수 있다.

아는 만큼 실행하기

COMMON SENSE COMMON PRACTICE

만일 나의 잘못으로 관계의 신뢰가 무너졌다면, 신뢰를 회복하기 위한 다음의 단계별 과정을 따라해본다.

1. 인정하라. 신뢰를 회복하는 첫 번째 단계는 문제가 있다는 것을 인정하는 것이다. 낮은 신뢰의 원인은 무엇인지, 어떤 행동들을 변화시켜야 하는지 파악하라.

2. 사과하라. 신뢰가 무너진 데 있어 책임이 있음을 수긍하고, 그 일이 초래한 피해에 대해 후회하고 있음을 표현하라.

3. 행동하라. 같은 행동을 반복하지 않도록 다짐하고 앞으로 더욱 신뢰받을 수 있는 방법을 총 동원하여 행동으로 옮겨라.

상황에 따라 신뢰 관계를 완전히 회복하는 데 다소 시간이 걸릴 수 있다. 하지만 신뢰는 언젠가 회복되기 마련이다. 기억하라, 신뢰 쌓기란 목적지 없는 평생의 여정이라는 것을.

단순하지만
확실한 지혜
#49

신뢰 회복에는
제대로 된 사과가
반드시 필요하다

누군가와 관계가 악화되어 사과해야 할 때, 많은 사람들은 '죄를 지은' 사람이 사과해야 한다고 생각한다. 그러나 자세히 들여다보면 대부분의 경우 양쪽 모두에게 서로가 알아야 할 책임 소재가 있다. 따라서 사과를 성공적으로 마무리 짓는 것은 무너진 신뢰를 회복하는 데 필수적이다.

켄 블랜차드와 내가 수년에 걸쳐 배운 한 가지가 있다면, 바로 사과하는 방법이다. 이 글을 쓰는 지금, 우리는 각각 합쳐서 92년 이상의 결혼 생활을 해왔다. 켄과 마지는 59년, 킴과 나는 33년째 결혼 생활을 이어오고 있다. 우리는 결혼 생활을 망치는 잘못을 많이 저질렀다. 그만큼 사과하는 연습도 많이 할 수밖에 없었다. 덕분에 우리는 좋은 사과가 신뢰를 회복하는 데 도움이 된다는 걸 깨달을 수 있었다.

아는 만큼 실행하기

본인 또는 상대방이 사과하지 않아 어긋난 관계를 떠올려보자. 진심으로 사과하고 싶다면 아래의 조언을 따르고 관계를 회복하도록 하자.

- 만약 자신이 관계를 망쳤다면 그것을 인정하라. 효과적인 사과는 자신에게도 책임이 있음을 받아들이는 것이다.

- 사과할 때 '만일' 또는 '그러나'와 같은 조건부 용어를 사용하지 마라. 이는 비난을 전가하거나 변명하는 것처럼 들린다.

- 사과하기 좋은 적절한 타이밍을 골라라. 그리고 상대방이 준비돼 있고 기꺼이 당신의 이야기를 들어줄 수 있는지 확인하라.

- 사과할 때는 진심을 담아 자신의 행동을 후회하고 있다는 것을 아낌없이 표현하라.

- 자신이 일으킨 고통을 인정하고 상대방의 감정을 공유하며 공감하

라. 이때 중요한 점은 판단하거나 반박하지 않고 듣는 것이다.

- 그러한 행동을 다시 반복하지 않기로 약속하라. 사과가 얼마만큼 효과적이 될 수 있는지는 애초에 신뢰를 무너뜨렸던 행동을 반복하지 않으려는 노력에 달려 있다.

단순하지만
확실한 지혜
#50

사과는 리더의 책임을
인정하는 것이다

"저는 잘못한 게 없어요. 그러니 사과하지 않을 거예요!"

우리 아이들이 어렸을 때는 이 말을 수도 없이 반복했다. 마찬가지로 기업의 리더들도 이 말을 끝도 없이 반복한다. 부당한 혐의를 받고 싶어하는 사람은 없다. 또한 자신이 하지도 않은 일을 사과하고 싶어하는 사람도 없다. 잘못한 일이 없는데도 먼저 사과를 건네야 하는 상황은 사람을 분노하게 하고 방어적으로 만든다. 오히려 상황이 더 악화될 뿐이다.

하지만 죄가 없을 때마저도 사과해야 하는 때와 시기가 있다. 사과를 한다는 건 죄를 인정하는 것이 아니다. 책임을 인정하는 것이다. 이 점을 명심하라. 이 말은 중요하다. 누구에게나 관계를 개선하고 당면한 상황을 극복해야 할 책임이 있다.

아는 만큼 실행하기

아무런 잘못이 없을 때도 사과하면 좋은 이유가 있다.

- 자신을 옳다고 여기지 말고 관계를 선택하라. 자신이 옳다고 해서 이를 흡족해하거나 서로를 비난하는 게임을 하는 대신에 자아보다 관계를 우선시하고, 이로써 당신이 감정적으로 성숙하다는 점을 상대방에게 상기시켜라.

- 장기적으로 게임하라. 모든 관계는 갈등을 동반한다. 만일 자신이 옳다고 할지라도, 장기적으로 건강한 관계를 유지하기 위해 사과하기 좋은 때가 언제인지 파악하는 지혜를 발휘하라.

- 팀을 위해 책임감을 갖으라. 리더의 잘못이 아닐 수 있다. 그러나 만일 팀이 실수로 일을 망쳤다면, 리더는 팀원을 위해서 잘못에 책임을 져야 한다. 서번트 리더는 구성원이 성공할 때 그들에게 공을 돌리고 실패할 때 자신이 책임을 진다. 이것이 바로 책임감 있는 리더십이다.

용서하되
잊지는 마라

week 51

리더는 다른 사람들의 말에 쉽게 분노하거나 공격적이 되지 않을 만큼 강인해야 한다. 또한 구성원과 공감대를 형성하고 그들을 너그럽게 대하는 부드러움을 갖춰야 할 필요성이 있다. 리더라면 필연적으로 누군가와 신뢰가 깨지는 경험을 하게 될 것이다. 이때가 리더로서 선택을 하게 되는 시점이다. 리더가 분노를 품기로 마음먹는 것은 자신과의 관계에서 독을 만드는 것과 같다. 그렇게 하는 대신에 용서를 선택하고, 관계를 개선하기 위해 노력할 수도 있다.

하지만 용서하지 않는 길을 선택했다면 이는 결국 자기 자신만을 해칠 뿐이다. 그것은 부정적인 생각을 조장하고 다른 사람들을 경계하게 하며, 진실성을 가지고 사람들을 이끄는 능력을 제한한다. 그러니 자신에게 호의를 베풀어 용서를 선택하라. 자신도 모르게 어깨가 한결 가벼워지는 것을 느끼게 될 것이다.

아는 만큼 실행하기

COMMON SENSE COMMON PRACTICE

부당한 취급을 받고 나서 이를 앙갚음하지 않고, 용서하려 노력하는 이들을 위해 몇 가지 도움이 될 만한 방법을 소개한다.

- 어떻게 반응할 것인지 선택하라. 당신의 반응은 곧 평판이 된다. 남들 보다 더 높은 수준에서 사람들을 이끄는 리더로 알려지기를 원하는가, 아니면 원한을 품는 사람으로 알려지길 원하는가?

- 전쟁에서 이기고 싶다면 전투에서 져라. 현명한 리더들은 싸움을 선택하는 법을 배운다. 관계를 유지하기 위해서는(전쟁에서 이기는 것) 대부분의 경우 누군가를 용서하는 것이(전투에서 지는 것) 더 현명한 처사다.

- 용서가 결과를 없애주지 못한다는 것을 명심하라. 일부 사람들은 용서를 하면 잘못한 사람의 책임을 면피시켜주는 것이라고 생각하여 용서를 거부한다. 그러나 그것은 사실이 아니다. 사람들은 자신이 한 행동의 결과를 반드시 경험하게 되어 있다.

▪ 용서하되 잊지는 마라. 그 무엇도 과거를 지울 수는 없다. 하지만 용서는 미래를 바라보게 한다. 나아가 치유와 희망을 가지고 앞으로 나아가게 한다.

더 나은
과거는 없다

누군가 신뢰를 깨뜨렸을 때, 특히 그것이 중대한 배신이라면 더더욱 용서하기 어려울 것이다. 이때 사람들은 용서를 거부함으로써 자신을 실망시킨 사람을 지배할 수 있다고 믿는다. 용서하지 않으면 상대방이 소중히 여기는 것과 그가 더 나은 사람이 되기 위해 필요한 것을 주지 않아도 되고, 따라서 용서를 거부하면 기분이 더 나아질 것이라고 기대한다.

하지만 용서를 선택하든 말든 해당 사건이 일어났다는 사실은 변하지 않는다. 과거의 일을 더 좋게 포장하려고 과거를 수정할 수는 없다. 그러나 용서를 선택하면 과거와 현재를 화해시킬 수 있다. 용서는 과거에 실망했던 고통으로부터 자유로워지게 하고 미래를 향해 나아가게 한다.

아는 만큼 실행하기

COMMON SENSE COMMON PRACTICE

다른 사람을 용서하지 못하게 하는 2가지 일반적인 오해가 있다. 이 2가지 오해가 '단순하지만 확실한 지혜'를 실천하는 것을 방해하지 않도록 하자.

- 근거없는 믿음1: 용서는 당신을 약자나 당하고만 사는 바보로 만든다.

  이것은 틀린 말이다. 신뢰를 반복적으로 깨뜨리는 일들을 허용하는 것은 결코 좋은 생각이 아니다. 하지만 건강한 경계선을 유지하면서 다른 사람을 용서하는 건 힘이 있는 사람이라는 걸 증명한다.

- 근거없는 믿음2: 용서의 여부는 자책하는 모습을 보이는 상대방에게 달려있다.

  이것 또한 사실이 아니다. 신뢰를 깨뜨린 사람이 사과를 하거나 자신의 행동에 자책하는 모습을 보이든 간에, 용서를 할지 말지 결정하는 일은 오로지 나에게 달려있다. 용서는 가해자의 권한이 아니다. 오직 피해를 겪은 사람만의 것이다.

실생활에서
서번트 리더십 적용하기

우리는 이 책에서 정리한 '단순하지만 확실한 지혜' 가운데 많은 부분이 여러분에게 의미가 있었을 거라고 확신합니다. '단순하지만 확실한 지혜'들을 함께 나눌 수 있는 기회를 주셔서 감사드립니다.

하지만 이것만으로는 충분하지 않습니다! 이제 지혜를 실천할 때가 되었습니다. 신뢰받는 서번트 리더가 되는 것이 왜 중요한지, 어떻게 하면 서번트 리더가 될 수 있는지 다시 한 번 되새겨보고자 합니다.

왜 신뢰받는 서번트 리더가 되어야 할까?

세상은 새로운 유형의 리더를 절실히 필요로 합니다. 지난 수십 년간 우리가 보아온 리더 유형은 직원들의 낮은 신뢰도와 참여도를 이끌어냈습니다. 이것은 확실히 그간의 일들이 효과를 발휘하지 못하고 있다는 사실을 보여줍니다. 성공하는 리더와 조직은 다른 사람들을 돕고 신뢰하는 분위기를 조성하는 것에 중점을 둡니다. 우리에게는 이러한 지식과 믿음에 기반을 둔 리더십 철학이 필요합니다.

신뢰받는 서번트 리더는 오늘날 조직이 마주한 과제의 해답을 보여줍니다. 사람들은 삶에서 일어나는 빠른 변화에 부응하기 위해 더욱 심오한 목적과 의미를 찾습니다. 서번트 리더는 자신이 신뢰할 수 있고 공공의 이익을 도우며 이에 집중하는 리더들을 찾고 있습니다.

서번트 리더십은 단순히 또 다른 형태의 경영 기법을 말하는 것이 아닙니다. 이는 스스로 섬기는 자의 마음을 품은 사람들의 삶의 방식을 뜻합니다. 신뢰받는 서번트 리더가 운영하는 조직에서는 다른 사람들을 돕는 일이 표준이 됩니다. 이로 인해 더 나은 리더십, 더 좋은 서비스, 더 높은 성과를 내는 조직, 더욱 많은 성공과 중요한 가치가 창출됩니다.

어떻게 하면 서번트 리더가 될 수 있을까?

"천 리 길도 한 걸음부터"라는 속담이 있습니다. 우리는 지금까지 여러분이 그 첫 번째 단계를 쉽고 빠르게 밟을 수 있도록 하였습니다.

'단순하지만 확실한 52가지 지혜'를 공유하게 된 것은 우연히 벌어진 일이 아닙니다. 일 년간 한 주에 한 챕터씩 '단순하지만 확실한 지혜'를 읽고 실천해보라는 의미로 시작한 일입니다. 매주 하나씩 '단순하지만 확실한 지혜'를 선택하고 그것을 실천하는 일에 집중하세요. 1부터 52번까지 순서대로 진행할 수도 있고, 매주 무작위로 선택해도 됩니다. 또는 서번트 리더십과 신뢰 형성 부분을 번갈아 선택하여 적용할 수 있습니다. 어떤 방법이든 자신에게 가장 효과적인 방법으로 적용해보세요.

이 책의 뒤쪽에는 이러한 지혜를 보다 깊이 성찰하도록 도움을 줄 수 있는 토론 가이드를 실었습니다. 이 가이드는 앞에서 설명한 각 서번트 리더십과 신뢰 형성에 대한 질문을 담고 있습니다. 자신을 성찰할 때 이 가이드를 이용하거나 동료 또는 팀과 함께 각 질문들을 살펴봐도 좋습니다. 다시 한 번 말씀드리지만 자신에게 가장 잘 맞는 효과적인 방식으로 적용해보세요.

우리는 리더십이란 직업 그 너머의 것이라고 믿습니다. 이것은 소명이기 때문입니다. 우리 모두는 우리가 이끄는 사람들 한 사람 한 사람에게 긍정적인 영향을 주어야 하는 책임이 있습니다. 이것은 인생에 다시 없을 엄청난 기회입니다. 이 책을 다 읽자마자 "오, 괜찮은데." 라고 말하며 책꽂이에 꽂으려는 충동을 억누르세요. 책꽂이에 꽂아두면 먼지만 쌓일 것입니다. 대신 책상 위에 두고 자주 펼쳐보며 책에서 얻은 정보를 친구와 공유해보세요.

이 책을 읽고 '단순하지만 확실한 지혜'를 실천으로 옮긴다면, 여러분은 신뢰받는 서번트 리더로서 더 높은 수준에서 사람들을 이끌게 될 것입니다. 그리고 이전보다 더 수준 높은 준비를 하게 될 것이라고 확신합니다.

지금, 바로 한 번 해보세요!

— 켄 그리고 랜디

—— 감사의 말 ——

켄과 랜디로부터

먼저 우리 둘 모두 이 책을 집필하는 내내 능력을 보여준 우리의 놀라운 파트너 르네 브로드웰에게 감사 인사를 드리고 싶습니다. 그녀는 창의적이고 재밌는 사람일 뿐만 아니라 편집 능력 또한 누구보다 뛰어납니다. 이 책은 르네의 도움이 없었다면 결코 출간되지 못했을 것입니다. 또한 베렛-콜러 출판사에 근무하는 우리의 벗 스티브 피어산티, 지반 시바스우브라매니암, 데이비드 마셜과 나머지 BK 팀에게도 감사를 전합니다. 베렛-콜러는 결코 저자를 실망시키는 법이 없는, 우리가 가장 좋아하는 출판사입니다.

책 전반에 걸쳐 우리는 켄의 공동 저자들과 서번트 리더십 및 신뢰 분야의 주요 전문가들을 언급했습니다. 그들은 우리에게 많은 가르침을 주었습니다. 이 책의 주제와 관련한 지식을 얻을 수 있었던 이유는 그들의 공헌 덕분입니다. 이 점에 감사드립니다.

출판사에서 이 책의 출판 프로젝트의 자문을 위해 선정한 대니얼 굿맨, 사라 제인 호프, 마이크 맥네이어는 물론 우리 원고에 피드백을 제공한 켄 블랜차드 컴퍼니의 직장 동료와 친구들에게도 감사드립니다. 여러분 모두 이 책을 개선하는 데 핵심적이고 중요한 역할을 했습니다. 여러분의 도움에 감사드립니다. 마지막으로 역사상 가장 위대한 서번트 리더인 예수님께 감사드립니다.

켄

제 아내 마지의 끊임없는 헌신에 진심으로 감사드립니다. 그녀는 60년간 세계 최고의 치어리더이자 훌륭한 리더의 자리를 지켜왔습니다. 아들 스콧과 며느리 매들린, 딸 데비, 마지의 동생 톰 맥키에게도 켄 블랜차드 컴퍼니의 리더십 팀으로서 보여준 지도력에 대단히 감사드립니다. 그리고 몇몇 특별한 동료들에게도 감사를 전하고 싶습니다.

바로 안나 에스피노, 마사 로렌스, 리차드 앤드류스, 비키 스탠포드, 데이비드 비트, 마이클 볼스, 셰릴 호튼입니다.

감사합니다.

랜디

켄 블랜차드와 마지 블랜차드, 블랜차드 가족, 켄 블랜차드 컴퍼니의 창립 동료들에게 감사드립니다. 나는 지난 25년 동안 이 훌륭한 조직의 일원으로서 특권을 누릴 수 있었습니다. 지속적인 지원과 지혜를 주고 멘토가 되어준 펫과 드레아 지가미("사람들은 엉망이야."라고 가르치고 행동하는 서번트 리더십을 보여주었던 바브라 핫트)와 1988년, 저에게 기회를 주신 바브라 플라위스(젊은이에게 리더십에 대해 공부할 수 있도록 재정적 도움을 준 키스 파터와 존 타스타드), 아만다 힌즈, 린지 레이, 재키 그레셔, 켈리 바삼, 트레이시 윌리엄, 코트니 해리슨, 커스티 커틴, 웬디 램, 패티 토레스는 수년 동안 켄 블랜차드 컴퍼니의 고객 서비스 공동 서번트 리더로 함께 일했습니다. 이들은 말한 대로 행동에 옮기며 제가 믿음 가는 사람이 될 수 있도록 도움을 주었습니다. 이 '단순하지만 확실한 지혜'를 전 세계에 전파하는데 전문성을 제공한 동료들에게 감사드립니다. 끝으로, 변함없는 사랑과 헌신을 아끼지 않은 아내 킴과 아들 마이클과 매튜에게 감사드립니다.

2008년 가을, 켄 블랜차드의 국내 강연에 참석했던 나는 영어로 진행된 강연 속에서 우연히 지쳐보이는 한 청중을 보았다. 번역 없이 영어로만 진행되는 강연 때문이었을까. 나는 쉬는 시간에 켄 블랜차드와 주최 측을 찾아갔다. 그리고 SLⅡ®(켄 블랜차드의 가장 대표적인 리더십 프로그램)의 공식 강사로 활동하는 통역가라고 소개하면서 혹시 켄 블랜차드 옆에서 통역을 해도 괜찮을지 조심스럽게 물어보았다. 켄 블랜차드는 첫 대면에 환한 웃음으로 나를 맞이해주었고 요청 또한 흔쾌히 승낙해주었다. 나는 기대에 어긋날 새라 열과 성의를 다해 통역했다. 한국어 통역이 동시에 진행되자 청중들의 에너지도 이전과 달리 고조되었다. 예상대로 이전보다 강연에 집중하는 청중이 많아졌고 나아가 관객석 곳곳에서 웃음소리와 박수까지 터져나왔다.

　강연이 끝나자 켄 블랜차드는 무척 흡족해하면서 "스테파니의 열정과 에너지에 감명받았습니다. 혹시 우리랑 함께 일해볼 생각이 있나요?"라고 제안했다. 켄 블랜차드의 제안은 내 인생의 전환점이 되었다. 그러나 이제와 솔직하게 말하자면, 그때의 나는 켄 블랜차드 리더십 철학과 서번트 리더십의 핵심인 '에고(Ego)' 없는 리더십(Egoless leadership)을 완전히 이해하지는 못했던 것 같다. 나는 에고가 정말 강한 사람이었다. 켄 블랜차드는 진정한 리더가 되려면 에고를 버려야 한다고 강조한다. 내가 더 주목을 받아야 하고, 나만이 옳으며 남들보다 더 뛰어나다고 여기는 것은 알다시피 에고가 강한 리더의 특징이다. 켄 블랜차드는 나아가 자신의 약점이나 부족한 부분을 사람들이 아는 것이 두려워 이를 감추고 두려워하는 것 또한 에고가 강한 리더의 특징이라고 말한다. 왜냐하면 둘 다 자기 중심적인(Self focused) 사고방식이기 때문이다. 나는 당시 이 두 가지 특성을 모두 가진 채로 부푼 꿈을 안고 창업을 했다. 그리고 몇 년 만에 쓰라린 실패를 경험했다. 실패의 후유증으로 힘든 하루하루를 보내던 어느 날, 우연히 보게 된 켄 블랜차드의 강연 영상은 지금까지도 벅찬 비전을 품고 살아오게 된 계기가 되었다. 그 중에서도 특히 마음을 울렸던 가슴 뭉클한 장면이 있다.

"여러분은 무엇을 위해 살고 있습니까? 매일같이 바쁘고 치열하게 경쟁 속에서 살고 있지만 이 래트 레이싱(Rat Racing: 돈, 명예, 권력 등을 위해 싸우는 치열한 경쟁)에서 이겨봤자 여전히 여러분은 쥐(Rat)일 뿐입니다. 죽을 때 가져갈 수 있는 것은 오직 하나, 내가 사랑하고 나를 사랑하는 사람들에 대한 기억뿐입니다."

이 동영상은 지난 날을 돌아보게 했고 성찰의 기회를 주었다. 경쟁에서 반드시 이겨야 하는 것은 이제 중요한 일이 아니었다. 그보다 사람들과 함께 행복하게 살며 꿈을 키워 나가고 같이 성취해나가는 것이 중요한 관심사가 되었다. 내가 사랑하고 나를 사랑하는 사람들에 대한 기억, 이것이 나의 소중한 가치이다.

켄 블랜차드가 늘 강조하는 '내가 아니라 우리(We not me)'의 진정한 의미를 이해하게 되면서 더불어 살아가는 삶, 내가 아닌 우리가 소중한 삶 즉, 서번트 리더십의 중요성과 그 참뜻을 가슴 깊이 깨닫게 되었다. 리더란 높은 직위에 있다는 이유만으로 위에서 군림하고 사람들이 복종해야 하는 존재가 아니다. 사람들의 마음을 움직여서 그들 스스로가 나와 함께 같은 곳을 바라보며 걸어갈 때 진정한 우리가 된다. 나는 이 '단순하지만 확실한 지혜'인 우리의 중요성을 미처 몰랐다. 내가 우리가 될 때 굳건한 신뢰가 쌓이고, 우리는 비로소 같은 곳을 향해 손을 맞잡고 나아갈 수 있다.

리더십 교육을 하면서 리더십으로 고민하는 수많은 리더들을 만나왔다. 이 책을 통해서 그들이 '나'가 아닌 '우리'의 진정한 의미를 느낄 수 있도록, 비슷한 고민을 안고 있는 이들에게 도움이 되고자 한다. 이 책을 읽는 모든 사람들이 나와 같이 지금껏 살아온 자신의 삶을 돌아보면서 앞으로의 삶을 위해 긍정적인 변화를 경험할 수 있는 기회가 되기를, 마음을 울리는 따뜻함을 느껴볼 수 있기를, 그래서 소중한 기억들을 삶에서 더욱 많이 만들어 나갈 수 있기를 소망한다.

— 모윤희

부록

토론 가이드

'단순하지만 확실한 지혜' 다시 보기

《켄 블랜차드 리더십 수업》을 읽고 서번트 리더가 되어 신뢰를 형성한다는 게 어떤 의미인지 새로운 통찰을 얻은 즐거운 경험이었기를 바랍니다.

아마도 여러분은 우리가 다룬 주제를 좀 더 깊이 들어가 살펴보고 싶을지도 모릅니다.

그래서 여기 24가지 토론 질문들을 준비했습니다. 이 질문들은 서번트 리더십과 신뢰라는 주제를 다룹니다. 정답이나 오답도 없고, 합산할 점수나 얼마나 잘하는지 판단하는 채점표도 없습니다.

리더십과 신뢰에 대한 아이디어, 느낌, 믿음을 공유하는 데 관심이 있는 2명 이상의 개인을 그룹으로 묶어 이 질문들을 제시해주세요. 또는 혼자 공부하는 것을 더 선호한다면, 이러한 질문들로 생각을 자극하여 자신이 꿈꾸는 서번트 리더로 한층 더 성장하여 신뢰받는 리더가 되시길 바랍니다.

— 켄과 랜디

서번트 리더십의 핵심

1. 조직의 수직적 피라미드를 거꾸로 뒤집는 것이 리더가 되기에 더 쉬운 조건이라고 생각합니까? 아니면 더 어렵게 만든다고 생각합니까? 그 이유는 무엇입니까?

2. 회사의 강력한 비전(목적, 미래의 큰 그림, 가치 등)을 이해한 대로 설명할 수 있습니까?

1분 경영 노하우

3. 누군가 잘하는 일을 포착하는 것 또는 방향을 재설정하는 것은 팀원들이 어떻게 목표에 가까워질 수 있게 하나요?

4. 실제로 누군가의 진전을 칭찬했던 이야기를 공유해보세요. 그 결과는 무엇이었습니까?

상황에 맞는 서번트 리더십 사용하기

5. 가장 좋아하는 리더십과 리더십 유형들을 공유해보세요. 이런

유형이 효과적이지 않았던 1가지 혹은 2가지 상황을 묘사해 보세요.

6. 리더로서 필요로 했던 리더십 유형과 상반된 리더십 유형을 사용했을 때를 떠올려보세요. 어떤 일이 벌어졌나요?

동기부여 환경 조성하기

7. 고객이 회사 영업부의 일원이 되게 할 수 있는 몇 가지 구체적인 방법을 공유해보세요.

8. 리더가 구성원에게 무엇을 기대하는지 명확히 전달하면서 리더 스스로는 기대하는 행동들을 몸소 보여주지 못한다면 어떤 일이 벌어질까요? 이것이 왜 문제가 될까요?

성과를 내는 서번트 리더의 특징

9 . 겸손한 동시에 건강한 자존감을 가진 서번트 리더가 될 수 있습니까? 직장에서 이를 어떻게 실천할 수 있을까요?

10. 구성원이 리더로서의 당신을 '단순하지만 확실한 지혜 #20'에 있는 사랑에 대한 글로 묘사한다면, 각 특징에 비해 무엇이 얼마나 부족할 거라고 예상하나요?

서번트 리더가 반드시 알아야 할 것

11. 체계적인 방식과 배려하는 마음으로 구성원에게 피드백을 요청하는 것을 어떻게 생각하시나요? 구성원이 리더에 대해서 어떻게 생각하는지 그들에게 직접 듣는 것은 리더십에 도움이 될까요? 아니면 해가 될까요?

12. 어느 것이 먼저일까요?

  (a) 좋은 성과를 내는 사람들은 자신에게 좋은 감정을 갖는다.

  (b) 자신에게 좋은 감정을 갖는 사람들이 좋은 성과를 낸다.

그 정답을 고른 이유는 무엇입니까?

신뢰받는 리더십

13. '단순하지만 확실한 지혜 #27'에 나열된 질문을 구성원에게 할 만큼 구성원이 충분히 리더를 믿고 있다고 자신합니까? 구성원의 대답은 어떨까요?

14. 왜 먼저 신뢰를 주는 것이 어려울까요? 먼저 나를 신뢰했던 누군가를 알고 있습니까? 기분이 어땠나요?

신뢰받는 관계

15. 에이브러햄 링컨은 "나는 그 사람을 좋아하지 않습니다. 그렇기에 그 사람을 좀 더 알아가야 할 것 같습니다."라고 말했습니다. 이 말을 들었을 때 어떤 감정이 솟아올랐나요? 여러분이 링컨과 같은 감정을 느끼고 있다고 상상해보세요. 당신이 좋아하지 않는 사람을 알아가기 위해서 무엇을 할 것입니까?

16. 리더가 진정성이 있는 사람인지 어떻게 알 수 있을까요? 팀원들은 리더가 진정성이 있다고 생각합니까? 그렇게 생각하는 이유는 무엇입니까? 만약 그렇게 생각하지 않는다면 그 이유는 무엇입니까?

신뢰받는 리더의 특징

17. "리더가 할 수 있는 가장 불공평한 일 가운데 한 가지는 모든 사람을 똑같이 대우하는 것이다." 이 말을 어떤 의미로 받아들였나요? 모든 사람들을 똑같이 대우하는 것의 문제점은 무엇입니까?

18. 실수를 인정하는 좋은 방법은 무엇이며 이같은 일이 벌어졌을 때 어떻게 팀원들과 신뢰를 형성할 수 있을까요?

신뢰와 통제

19. 만약 팀원들이 전국 각지에(아니면 세계 각국에) 흩어져 있다면, 팀원들이 같은 빌딩 사무실에서 리더와 가까이 앉아있는 있는 것처럼 열심히 일한다는 것을 믿을 수 있습니까?

20. 리더가 구성원과 정보를 공유하는 것은 왜 중요할까요? 왜 일부 리더들은 정보를 공유하는 것을 어려워할까요?

무너진 신뢰 회복하기

21. 팀이 프로젝트 또는 계획에 실패했을 때 서번트 리더가 이에 책임을 져야 한다는 개념을 어떻게 생각하나요?

22. 나는 다른 사람의 잘못을 비교적 쉽게 용서하나요? 아니면 원한을 품는 편인가요? 원한을 품기보다는 용서를 하는 편인지, 아니면 용서하기보다 원한을 품는 편인지, 이유는 무엇인지 설명해주세요.

마지막 2가지 질문

23. '단순하지만 확실한 52가지 지혜' 가운데 계속 활용하고 싶은 신뢰받는 리더의 강점은 무엇입니까?

24. '단순하지만 확실한 52가지 지혜' 가운데 신뢰받는 리더가 되기 위한 성장의 기회를 꼽는다면 그것은 무엇입니까? 인생의 여정에서 발전시키고 싶은 기회가 있나요?

참고 문헌

Blanchard, Ken, and Colleen Barrett. *Lead with LUV: A Different Way to Create Real Success.* Upper Saddle River, NJ: FT Press, 2011. (Simple Truth #31)

Blanchard, Ken, and Renee Broadwell. *Servant Leadership in Action: How You Can Achieve Great Relationships and Results.* Oakland: Berrett-Koehler, 2018. (Pages 5 - 6)

Blanchard, Ken, John P. Carlos, and Alan Randolph. *Empowerment Takes More Than a Minute.* San Francisco: Berrett-Koehler, 1996. (Simple Truths #12 and #47)

Blanchard, Ken, et al. *Leading at a Higher Level: Blanchard on Leadership and Creating High Performing Organizations.* Upper Saddle River, NJ: FT Press, 2019. (Simple Truths #22 [chapter 14 with Pat Zigarmi and Judd Hoekstra] and #29 [chapter 19 with Margie Blanchard and Pat Zigarmi])

Blanchard, Ken, and Spencer Johnson. *The One Minute Manager.* New York: HarperCollins, 2003, and The New One Minute Manager. New York: HarperCollins, 2015. (Simple Truths #7 and #8)

Blanchard, Ken, and Margret McBride. *The 4th Secret of the One Minute Manager: A Powerful Way to Make Things Better.* New York: William Morrow, 2008; previously published as The One Minute Apology. New York: William Morrow, 2003. (Simple Truth #48).

Blanchard, Ken, and Mark Miller. *The Secret: What Great Leaders Know and*

Do. San Francisco: Berrett-Koehler, 2004. (Simple Truth #26)

Blanchard, Ken, Cynthia Olmstead, and Martha Lawrence. *Trust Works! Four Keys to Building Lasting Relationships*. New York: William Morrow, 2013. (Simple Truth #28)

Blanchard, Ken, William Oncken Jr., and Hal Burrows. *The One Minute Manager Meets the Monkey*. New York: William Morrow, 1989. (Simple Truth #18)

Blanchard, Ken, and Norman Vincent Peale. *The Power of Ethical Management*. New York: William Morrow, 1988. (Simple Truths #16 and #37)

Blanchard, Ken, and Jesse Lyn Stoner. *Full Steam Ahead! Unleash the Power of Vision in Your Work and Your Life*. San Francisco: Berrett-Koehler, 2011. (Simple Truth #2)

Blanchard, Ken, Patricia Zigarmi, and Drea Zigarmi. *Leadership and the One Minute Manager*. New York: Harper Collins, 2013. (Simple Truths #9 and #10)

Collins, Jim. *Good to Great: Why Some Companies Make the Leap . . . and Others Don't*. New York: HarperCollins, 2001. (Simple Truth #16)

Warren, Rick. *The Purpose Driven Life: What on Earth Am I Here For? Grand Rapids*, MI: Zondervan, 2002. (Simple Truth #25)

관련 서비스 안내

켄 블랜차드 컴퍼니 THE KEN BLANCHARD COMPANIES

켄 블랜차드 컴퍼니는 리더와 조직 모두, 더욱 높은 수준의 성과를 낼 수 있도록 돕기 위해 최선을 다하고 있습니다. 켄 블랜차드, 켄 블랜차드 컴퍼니, 특히 전 세계 각국의 켄 블랜차드 컴퍼니 지사들은 세계적인 컨설턴트, 트레이너 및 코치로 구성된 글로벌 네트워크입니다. 우리는 수십 년 넘게 전 세계 조직들의 생산성, 직원 만족도 및 고개 충성도가 향상될 수 있도록 지원하고 있습니다.

켄 블랜차드 컴퍼니의 서비스, 리더십 프로그램, 제품 정보에 대해 궁금하시다면 아래 본사로 연락주십시오. 곧바로 연락 드리겠습니다.

켄 블랜차드 컴퍼니 본사(미국 캘리포니아, 샌디에이고)

World Headquarters(본사, 캘리포니아 샌디에이고)

125 State Place

Escondido, CA 92029

United States(미국)

대표 전화 +1-760-489-5005

대표 이메일 International@kenblanchard.com

서울 지사 블랜차드 코리아

서울시 마포구 마포대로 144(공덕동, 마포 T타운 빌딩) 14층, 블랜차드 코리아

전화 02-6749-7445

대표 이메일 mikelee@kenblanchard.co.kr

켄 블랜차드KEN BLANCHARD

도서 웹사이트 https://www.kenblanchardbooks.com

블로그 https:// www.HowWeLead.org

페이스북 https://www.facebook.com/KenBlanchard.

링크드인 https://www.linkedin.com/in/KenBlanchard1/.

켄 박사님과 함께 교류해보세요.

트위터 @KenBlanchard

랜디 콘리RANDY CONLEY

웹사이트 https://RandyConley.com

블로그 https://leadingwithtrust.com

링크드인 https://www.linkedin.com/in/randy-conley/

트위터 @RandyConley

켄 블랜차드 컴퍼니THE KEN BLANCHARD COMPANIES

홈페이지 https://www.kenblanchard.com

블로그 https://leaderchat.org

페이스북 https://www.facebook.com/TheKenBlanchardCompanies

링크드인 https://www.linkedin.com/company/the-ken-blanchard-companies/

트위터 @LeaderChat

인스타그램 KenBlanchardCompanies

유튜브 www.youtube.com/user/KenBlanchardCos

블랜차드 코리아 Blanchard Korea

2017년 4월에 설립되어 켄 블랜차드의 모든 리더십 과정과 코칭 서비스를 제공해온 리더십 & 코칭 전문 교육 기관이다. 〈포춘〉 선정 세계 500대 기업들과 국내 대기업이 주요 고객이며, 켄 블랜차드의 리더십 철학과 신념을 전파하고 있다.

철저한 연구와 조사를 바탕으로 개발된 켄 블랜차드의 모든 프로그램은 배우기 쉽고(Easy to Learn) 기억하기 쉽고(Easy to Remember) 적용하기 쉬운(Easy to Use) '3E'로 유명하다. 체계적으로 구성된 모든 리더십 프로그램은 직급별로 리더십 로드맵에 따라 효과적으로 연계되어 있다.

블랜차드 코리아는 그동안의 오프라인 강의뿐만 아니라 팬데믹 기간에는 전 과정을 실시간 비대면으로 진행했으며, 모든 프로그램의 업데이트와 신규 프로그램의 개발을 지속하고 있다. 또한 켄 블랜차드의 리더십이 우리나라 전반에 뿌리내려 최고의 성과와 최상의 관계를 유지하는, 신뢰가 바탕이 되는 조직 문화가 자리잡을 수 있도록 최선의 노력을 다하고 있다.

링크드인 https://kr.linkedin.com/company/blanchard-south-korea

블로그 https://blanchardkorea.blogspot.com/

네이버 TV https://tv.naver.com/kenblanchardkorea

홈페이지 http://kenblanchard.co.kr/

모윤희

블랜차드 코리아 대표이자 켄 블랜차드가 직접 뽑은 대한민국을 대표하는 국내 유일 '켄 블랜차드 글로벌 마스터 트레이너(Ken Blanchard Global Master Trainer)'다. 존슨앤존슨, 페덱스 등 다국적 기업에서 교육 훈련의 전문성을 인정받아 2017년부터 블랜차드 코리아의 CEO이자 '글로벌 마스터 트레이너'로 활동하고 있다.

국내 대기업은 물론, 미국 〈포춘〉 선정 '500대 기업'의 임원, 리더, 매니저 등에게 켄 블랜차드의 리더십을 직접 코칭하였다. 직장의 토대가 되는 리더십의 가치를 곳곳에 전파하며, 켄 블랜차드의 리더십 프로그램 전 과정과 매년 갱신되는 신규 교육 번역을 전담하고 있다.

영국 서리대학교에서 석사 학위를 수여했고, 현재 미국 캘리포니아 주의 서던 캘리포니아대학교(USC)에서 리더십 박사 과정을 수료하고 있다.

켄 블랜차드
리더십 수업

초판 1쇄 인쇄 2022년 9월 21일
초판 1쇄 발행 2022년 10월 5일

지은이 켄 블랜차드, 랜디 콘리
옮긴이 모윤희
펴낸이 이종환

편집장 유승현
홍보 노선우

편집 김나연
디자인 데시그 이하나

펴낸곳 서울경제신문 서경B&B
출판등록 2022년 4월 4일 제2022-000062호
주소 03142 서울특별시 종로구 율곡로 6 트윈트리타워 B동 14~16층
전화 (02)724-8765 | **팩스** (02)724-8794
이메일 sebnb@sedaily.com | **홈페이지** www.sedaily.com
ISBN 979-11-979212-0-9 03320